ユーロ・ホワイトネス

EUROWHITENESS

帝国主義と植民地主義から見る欧州統合

［著者］ハンス・クンドナニ
［訳者］中村登志哉

一藝社

EUROWHITENESS
: Culture, Empire and Race in the European Project
by Hans Kundnani

First published in the United Kingdom in 2023 by
C.Hurst & Co. (Publishers) Ltd..

Japanese translation published by arrangement with C. Hurst & Co.
(Publishers) Ltd. through The English Agency (Japan) ltd.

目次

謝辞

この短い本を書き始めたのは、英王立国際問題研究所（チャタムハウス）の欧州プログラムで働いていたときだった。この欧州プログラムの仲間たちに感謝したい。このプログラムの同僚たちと働くのは本当に喜びであり、英国のEU離脱の狂騒下でロンドンから欧州政治を分析する中で、彼らからは多くのことを学んだ。ペパイン・バークセン、アリス・ビロン＝ガランド、サリー・ネルソン・サイード、ルディ・オバシ＝アダムズ、トム・レインズ、そしてリチャード・ウィットマン。4年間、これ以上のチームは望めなかっただろう。また、私がこの欧州プログラムを運営していた間、カウンターパートとして支援してくれたレナ・カティブ、ジェームズ・ニクシー、レズリー・ヴィンジャムリにも感謝の意を表したい。

また、2021年2月に出版された、本書の基となる論考を依頼し、編集してくれた『ニュー・ステーツマン』誌のローラ・シートンに感謝する。その出版後、論文の中で展開した考えについて、何人かの方々がご厚意により議論する機会を与えていただいた。欧州国際政治経済センターのフレデリック・エリクソン、オックスフォード大学セント・アンソニー・カレッジのティモシー・ガートン・アッシュ、ハンブルクのカンプナーゲルのコリーナ・フムザ、ロンドン・スクール・オブ・エコノミクス（LSE）のマレイケ・クライネの皆さんである。どの場の議論も、本書の議論を発展させるのに役立った。また、『オブザーバー』紙のロバート・イェーツにも感謝する。イェーツ氏は、本書に示した考えのいくつかを、彼のために書いた記事で試みることを許してくれた。

私はとりわけペオ・ハンセンに学恩を感じている。私は、彼の重要な研究に影響を受けて、欧州統合プロジェクトの初期の歴史と欧州の植民地主義との関係についての考え方が変わった。彼と対話することで励まされ、本書の考えを発展させることができた。さらに、シェリー・バーマン、クリス・ビッカートン、ガーミンダー・バンブラ、メリーン・カーン、マイケル・キメイジ、ヘレン・トンプソン、ジョン・ウィルソン、ヤン・ジーロンカとの議論によっても、本書の主張の要素を形作ることができた。また、『ニュー・ステーツマン』誌に掲載された記事を発展させて本にしようと考え始めたときに、励ましてくれたアンダース・スティーブンソンにも感謝したい。

ジョシー・グレーフとクイン・スロボディアンは、特に私が知らなかった学術文献を紹介してくれ、非常に助かった。ここに挙げた人たちのほかにも、数多くの人たちが草稿や章を読み、有益な意見・感想をくれた。ステファン・アウアー、チェミル・アイディン、ソフィア・

ベッシュ、ミーガン・ブラウン、ガリップ・ダレイ、オリバー・エベール、ノア・ゴードン、キース・ハンフリーズ、アナンド・メノン、ダーク・モーゼス、ロデリック・パークス、マーティン・クエンツ、ミーラ・サバラトナム、レイチェル・タウゼントフロイント、シャヒン・ヴァレーである。また、ユゼフ・ベレツにも感謝したい。本書の題名は同氏の業績に由来する。

　最後に、マイケル・ドワイヤーとハースト社のチームに感謝したい。特に、本書の編集を担当してくれたアーニャ・ハッチソンと、デイジー・ライチ、ララ・ワイズヴァイラー＝ウーに感謝する。

はじめに

Introduction

これはかなり個人的な本である。ある特定の視点から、いや、おそらく、複数の独特の視点で同時に書かれている。私の父はインド人、母はオランダ人であり、私は英国で生まれ育った。そのため、欧州のアイデンティティとの、そして欧州連合（ＥＵ）との私の個人的な関係は、欧州の地理的周縁に位置し、欧州との関係が半ば離れていることで知られる国で育った影響と、私の英国人としてのアイデンティティに加え、ＥＵの元となった欧州共同体（ＥＣ）原加盟6か国のうちの1か国への帰属意識と、欧州とＥＵの域外にありながら英国によって植民地化されたもう1か国への帰属という二次的な感覚によって形成されてきた。

私は、ある程度、欧州人であると感じてきたかもしれないが、いや、実は、別のEU加盟国出身の親を持たない英国人よりは欧州人であると感じていたともいえるが、他の人たちが誇らしげに語るように「100％の欧州人」だとは感じていなかった。欧州人であるという考えは私のアイデンティティの一部ではあったが、欧州人であることは決してアイデンティティのすべてではなかった。特に、私は自分が欧州人であることに加えて、ある意味ではアジア人であるとも思っていた。というのも、インド亜大陸出身の先祖を持つ英国の人々を分類する方法として、それが一般的だったからである。簡単に言えば、私は常に、部分的には欧州人であるが、完全な欧州人ではないという感覚を持っていた。

私は2009年に欧州外交問題評議会（ECFR）という欧州の7首都に事務所を構える欧州外交のシンクタンクで働き始めた。当時、私は自分のことを「親欧州派」、つまり欧州統合や現在の形態の「欧州統合事業」を支持する人間だと考えていた。EUは、欧州域内でも世界でも、善をもたらす力だと考えていた。しかし、ECFRで働いた6年間にEUについて学ぶにつれ、それまでEUの歴史について知っていると思っていたことの多くが、実は神話であり、一種のEUの自己理想化の産物であると感じるようになった。私自身のEUに対する認識が変わると同時に、とりわけ2010年に始まったユーロ危機以降、EU自体も変化していった。私はEUに対する批判を強め、EUに同調し続けることが難しくなった。

本書は、こうした経験から生まれたものである。特に2010年以降、EUが厄介《やっかい》な変貌を遂げていると感じたことが、私が本書を書くきっかけとなった。これは、私がこの10年間に発表してきた論文や記事で主張してきたことを発展させたものである。私たちが現在、目にしている欧州とは異なる欧州が必要であることを、欧州人に説得しようという精神で書いたものである。とはいえ、私は英国市民であり、英国は現在EUを離脱しているので、「私たち」ではなく「彼ら」という代名詞を使うべきかもしれない。私が本書を書いた視点が、明確なものなのか歪んだものなのか、また、本書に反映された経験が、欧州の歴史と戦後の欧州統合事業に関する分析の水準を高めたのか低めたのかを判断するのは読者である。

本書の主張は、ＥＵは地域主義の表現と捉えるべきであること、そして、その地域主義はナショナリズムに類似したもの、つまり、ナショナリズムのようなものだが、より大規模で大陸的な規模のものであると考えるべきであるということである。ナショナリズムにさまざまな種類があるように、地域主義にもさまざまな種類がある。こうした違いについてはさまざまな考え方があるが、私は民族的・文化的ナショナリズムと市民的ナショナリズムを区別し、これを地域主義に適用している。「親欧州派」は、１９４５年以降の欧州は純粋に市民的なものだと考えることが多い。私の主張は、１９４５年以降の欧州はもっと複雑だということである。１９４５年以降も、民族的・文化的な要素は残っており、ＥＵの中で表現されているのである。私のこの主張はしかし、特に社会的市場経済と福祉国家、そしてＥＵが組織化した、非政治化されたガバナンス様式を中心とする市民的要素も存在したことを否定するものではない。

このような欧州の地域主義の市民的要素が欧州統合事業と欧州のアイデンティティに与えた影響が最大になったのは、１９６０年代の欧州の植民地喪失から２０１０年のユーロ危機の始まりまでの期間であった。私の主張は、それ以降、特に２０１５年の難民危機以降、この市民的な地域主義は、より民族的・文化的なものに道を譲ったということである。この転換の根本的な原因は、ＥＵの（新）自由主義、特に単一市場の創設以降に関係しているというのが、私の考えである。それはＥＵがかって掲げていた社会経済的理念を空洞化させる効果があった。この空白は、文化によって埋められ、最終的には、私が欧州統合事業における「文明の転換」と呼ぶものを生み出した。

本書の構成は以下の通りである。第1章の主題は、欧州の地域主義である。まず、「コスモポリタン的な欧州」という考え方について議論し、これが欧州統合事業を誤って特徴付けていることを主張する。民族的・文化的ナショナリズムと市民的ナショナリズムの間の概念的な区別について論じ、それを地域主義にも同様に適用できること、また地域も国家と同様に「想像の共同体」として考えることができるということが私の考えである。欧州のアイデンティティについて、特に欧州のアイデンティティがさまざまな非欧州的他者に対してどのように定義されたかを検証する。最後に、地域主義という観点から考えることにより、極右的な表現が「親欧州派」に利用されることの危険性、すなわち「エスノリージョナリズム」をより明確に認識することができると主張する。

第2章では、古代から第二次世界大戦に至るまで、長く複雑な欧州観の歴史を概観する。特に、キリスト教と同義であった中世の欧州観と、近代になって啓蒙思想と結びついた合理主義的で人種差別的な欧州観の出現について論じる。この章全体を通じて、私は、特に文明化という使命をめぐる、こうした欧州観の連続性を強調する。私の主張は、後にEUとなるものを中心とした戦後の欧州観について、「親欧州派」は多くの場合、以前の欧州観との明確な断絶があると想定するが、そうではなかったということである。むしろ、EUは啓蒙思想に遡る欧州思想の盲点のいくつかを継承したのである。

第3章から第5章では、戦後の欧州統合事業を3つの段階に分けて検証する。第3章では、1945年から冷戦終結までを扱う。1945年から1960年代初頭までの欧州統合の初期段階を検討し、その期間は欧州統合事業が植民地事業であったことを検証する。1945年以降に文明的思考がどのように持続したか、特に西欧のキリスト教民主主義者の影響により、欧州統合事業がどのような影響を受けたかを示す。社会的市場経済、福祉国家、そして欧州統合によって生み出された非政治化されたガバナンス様式を中心とする、新しい市民的地域主義の出現について論じる。最後に、ホロコーストがＥＵの中心的な集合的記憶となったにもかかわらず、欧州列強による植民地主義が忘れ去られた経緯について論じる。

第４章では、冷戦終結から２０１０年までの20年間を取り上げる。この間、ＥＵが新たに10か国を含むまでに拡大したことで、ＥＵ内に楽観的で、おそらくは思い上がったムードがあったことを示す。ＥＵは、中・東欧における新たな文明化という使命に取り組んだのである。しかし、ＥＵの東側の境界が軟化したのに対し、南側の境界は硬いまま残った。このように、ＥＵ拡大はＥＵの多様性を増大させたが、逆説的に、欧州を排他的な空間として、つまり、純粋な市民的アイデンティティではなく、むしろ文化と宗教によって定義される空間としてとらえる傾向を強めた。最後に、欧州統合事業のこの楽観的な期間において、ＥＵが国際政治そのものを「文明化」すると想像された方法について論じる。

第５章では、２０１０年以降の展開について論じる。ユーロ危機の衝撃は、それまでの欧州統合事業の拡大局面に終止符を打ち、ＥＵをより防衛的な態勢に導いたと論じている。このような状況の中で、ＥＵは自らを「モデル」としてではなく、「競争者」として考えるようになったが、これを経済的な観点で考える者もいれば、地政学的な観点で考える者もおり、さらには文明的な観点で考える者もいた。危機がさらに継続すると、ＥＵは自らが脅威に取り囲まれていると考えるようになった。私の主張は、特に難民危機以降にＥＵに対する脅威は文化的な観点から認識されるようになったというもので、これはＥＵが「欧州的生活様式」と呼ばれるものを守ることに集中したためだと考えられる。このこうして、欧州のアイデンティティの民族的・文化的側面が強くなっていったように思われる。このことを、私は「ユーロ・ホワイトネス」（欧州の白人性）と呼んでいる。

この短い書籍は、実のところ長めのエッセイで、第2章から第5章まで時系列に沿って記述しているが、ＥＵそれ自体の歴史というつもりはない。また、欧州統合に関わる諸要因を網羅的に論じようとするものではなく、また、ＥＵに関する既存の文献に取って代わるものではなく、それを補完するものである。特に、ＥＵに関する多くの書籍が焦点を当てている制度的な問題や欧州統合の理論については深く論じていない。本書では、欧州の制度の発展について論じているが、その議論は状況を説明するためのものに過ぎない。主な焦点は、欧州の集合的記憶とアイデンティティ、欧州が想定する境界と政治的境界、欧州文明と欧州の「文明化の使命」に関する思想の進化にまつわる問題である。

本書の狙いは3つある。第一に、地域主義という概念を導入することで、欧州のアイデンティティとＥＵ、そしてナショナリズムとの関係について、これまでとは異なる考え方を提示する。第二に、欧州と白人性という概念の関係を探ることである。「欧州」と「白人」という用語の間には明白なつながりがあるにもかかわらず、意外にもあまり注目されてこなかった経緯がある。第三に、ＥＵの進展、とりわけこの10年間、あるいは２０１０年のユーロ危機の発生以降の時期における展開に関する解釈を示す。いずれの場合も、本書は決定的な答えを提出することを目的とはしておらず、それはこの長さの本では不可能であるが、むしろ議論を刺激することを目的としている。

本書は、ＥＵが直面している複雑な制度上の問題や、ＥＵの将来について多くの議論が焦点を当てている問題に対する解決策を提示するものではない。しかし、ＥＵの（新）自由主義と、欧州政治における文化的問題の重要性との間の構造的なつながりについては論じている。ＥＵ内で経済政策が政治問題として取り上げられなくなるにつれ、政治的な争点はアイデンティティ、移民、イスラムをめぐる問題に移ってきた。したがって、ＥＵの問題を解決するためには、「より多く」あるいは「より少なく」欧州化するか、つまり統合か非統合かという通常の一次元的な議論を超えて、その代わりに

EU内で民主主義をいかに深化させるかに焦点を当てる必要がある。私が「文明の転換」と呼ぶ欧州統合事業を逆転させ、より市民的な地域主義へと回帰させるためには、経済政策を再び政治で取り上げる必要があるというのが、私の考えである(1)。

しかし、これらの問いはEU加盟国の国民に向けられたものである。英国国民である私は、その代わりに、EUに関する私の分析が、ブレグジットと英国の将来をどう理解すべきかについて、何を物語っているかについて考察し、本書の結びとする。EUが2010年以降に直面した一連の危機と、それがもたらしたEUの変容に促されて各章の分析をしたとすれば、第6章は、英国国民による2016年6月のEU離脱投票後のブレグジットに関する議論に触発された分析である。ブレグジット、特にその支持者の一部が推進した「グローバル・ブリテン」という考え方は、英国とそれ以外の欧州の多くの人々から、新植民地主義的な願望の表れだと見なされた。この見方は単純化されすぎているように思われた。

特に、ブレグジットに関するこの単純化された解釈は、欧州に関する議論と、帝国と人種に関する議論の断絶を意味するように私には思えた。英国では何十年もの間、帝国と人種に関する広範な議論が行われてきており、植民地主義の余波と英国における人種関係への影響を詳細に探ってきた(2)。こうした議論は他の欧州諸国よりは発展していたとはいえ、英国の戦後の欧州化に関する話からも、他の西欧諸国における帝国と人種に関して並行して交わされた議論からも、やや切り離されていた。逆に言えば、欧州に関する議論は、英国でも大陸でも、帝国や人種をめぐる問題とは切り離されているように思われたのである。

私は英国の人種差別の歴史と現在進行形の現実をよく知っていた。というのも、1990年代半ばに大学を卒業して最初に就いた職場が、人種差別に関する法律を施行し、英国における人種平等を促進することを目的とした英国の機関、人種平等委員会だったからである[3]。しかし、人種差別への取り組みという点では、英国は他の欧州諸国に比べてはるかに進んでいるようにいつも思われた。それにもかかわらず、ブレグジット投票の余波で、英国は突然、欧州で最も人種差別的な国だと多くの人が考えるようになり、私は困惑した。実際のところ、ブレグジットと人種差別の関係はもっと複雑であるように思われた。特に、英国の民族的少数派は、白人以上に自分を欧州と同一視していないことは明らかだった。

このことは、英国の移民政策が１９６０年代以降、英国の旧植民地出身者が英国に定住することを難しくする一方で、欧州出身者が英国に定住することを容易にしてきたことと関係しているように思われた。片親がコモンウエルス諸国出身で、もう片親がＥＵ加盟国出身の私にとって、極めて個人的なことでもあった。私の両親がともに英国に渡った１９６０年代、父は母に比べてアウトサイダーではなかった。例えば、父には投票権があったが、母にはなかった。しかし、私が生きている間に、白人以外のコモンウエルス市民が移民として再認識され、英国が「欧州共同体」の一員となったことで、欧州人の権利が拡大されたため、この状況は変化した。

第６章の英国に関する議論は、第３章におけるＥＵの進展、特に「記憶の共同体」としてのＥＵの進化の分析に続くものである。第６章では、冷戦の終結によって、ＥＵが帝国健忘症の手段となったことについて論ずる。もしそれが正しいとすれば、ブレグジットの意味について、異なった方法で考える、あるいは少なくとも、異なった側面を想像することができる。特に、ＥＵ離脱は英国にとって植民地時代の過去との関わりと旧植民地との関係を深める機会になり得ると考えている。２０１６年の国民投票で私はＥＵ残留に投票したが、ブレグジットは英国が欧州中心主義でなくなる好機だというのが私の考えである。

本書の他の章でＥＵについて述べたのと同様、第６章の英国についての考察は、決定的なものでも網羅的なものでもない。ＥＵと英国の関係をめぐる複雑な制度的問題や、国民投票以降の７年間に多くの議論が集中したブレグジットの経済的・安全保障的意味合いについては論じていない。むしろ、すでに非常に複雑な話にさらに複雑さを加えるために、誤解されていると思われるブレグジットの一面、すなわち帝国と人種の問題がブレグジットにおいて果たす役割に焦点を当てる。そうすることにより、ＥＵ離脱後の英国のあり得る将来について考える別の方法を、特に英国の左派にも示したいと考えている。

第1章 欧州の地域主義

European Regionalism

多くの「親欧州派」(pro-Europeans)、すなわち現在の欧州統合や「欧州統合プロジェクト」の支持者は、欧州連合（ＥＵ）がコスモポリタニズムの表現であるというイメージを抱いている。ＥＵが多様性、包摂性、開放性を象徴していると考えている。そうしたＥＵの支持者にとって、ＥＵとはナショナリズムや人種差別に反対するものであって、人々が「ともに団結」し、平和的に協力することを意味する。ＥＵは、敵同士がいかにしてパートナーとなることができるか、多様性がいかにして団結と調整できるかを示す輝かしい例なのである。ＥＵのジョゼ・マヌエル・バローゾ（José Manuel Barroso）欧州委員会委員長が２０１２年にＥＵがノーベル平和賞を受賞した際に述べたように、このEUという企ては「民族や国家が国境を越えて団結することが可能であること」、そして「『他の人々』と『我々』の違いを克服することが可能であること」を示したのである(1)。

しかし、EUをこのように考えるのは、どこか欧州中心主義的である。特に、バローゾの発言のように「民族と国家」を一般化することで、欧州を世界と取り違えている。結局のところ、「欧州統合プロジェクト」、つまり第二次世界大戦後の欧州統合のプロセスは民族と国家を結びつけたが、これは、言うまでもなく欧州内の民族と国家を結びつけたにすぎない。欧州統合のプロセスは、戦後間もない時期に西側の欧州6か国で始まったプロセスであり、その後、他の西部、北部、南部欧州の国々に広がり、冷戦終結後は中央や東部の欧州諸国へと「拡大」していった。EUはむろん欧州以外の地域も含む政策を展開したが、EU自身が欧州以外の世界の地域を含むことはなかったのである。

欧州は世界ではないので、欧州統合は世界統合ではない。つまり、欧州内の統合と開放性は、他の地域との統合と世界に対する開放性を意味しないが、「親欧州派」はそのように示唆する場合がある。EUが掲げる「4つの自由」、つまり、資本、財、人、サービスの自由な移動は、欧州内でのみ適用される。資本、財、人の自由な移動に対する欧州内の障壁は過去75年間、徐々に取り除かれてきたが、外部障壁は依然として残っている。一方、EU域外からの資本やモノの流れに対する多くの障壁は撤廃されたが（共通農業政策はEU域外からの農産物の輸入を制限したが）、人の移動に対する障壁は残されたままである。

本章で私が主張したいのは、欧州が世界であるかのように勘違いしているこの傾向、つまり、「欧州中心主義の誤謬」とでも呼ぶべきものがあるということだ。この誤謬は、EUと世界におけるEUの役割についての理解を曖昧にしてきた。特に、欧州統合を一種のコスモポリタン・プロジェクトとして理想化することにつながっている。私が「コスモポリタン的な欧州の神話」と呼ぶものである。

ＥＵをよりよく理解するには、多くの「親欧州派」がイメージするようなナショナリズムの対極としてではなく、ナショナリズムに類似した地域主義の一つの表現として理解するのがよいと考えている。ＥＵをコスモポリタニズムとしてではなく、地域主義として捉えることで、この欧州統合プロジェクト内の緊張関係、特に欧州における民族的・文化的な理念と市民的な理念の間の緊張関係、そしてＥＵにおける最近の動きをより明確に理解することができるのである。

コスモポリタン的欧州の神話

ＥＵはグローバルなプロジェクトではないにもかかわらず、ユルゲン・ハーバーマスのような欧州の思想家は、それでもＥＵはコスモポリタン的プロジェクトとして理解できると主張する。ハーバーマスは、グローバル化が「経済、社会、文化の非国境化」をもたらし、「領土原理」に基づく国民国家を中心とした歴史的位置づけを終焉させ、また、そのことが民主主義を空洞化させたと主張する[(2)]。ＥＵは、市場を規制し、再分配政策を追求する能力を取り戻すための手段であり、少なくともそうあるべきであるという。ハーバーマスが「ポスト国民国家としての位置づけ」と呼ぶ状況の中で、国民国家はもはやそうしたことを行うことができないからである。しかし、「コスモポリタン的な欧州」という考え方には、「再国境化」して「領土原則」をより高いレベルで再構築するのではなく、ＥＵがそれを超越する可能性を示唆している。

コスモポリタニズムに関するカントの著作に影響を受けたハーバーマスは、ＥＵが国際政治を国内政治に転換するための一種の基盤、あるいはその一歩として機能しうると主張する。言い換えれば、ＥＵは世界社会に先行するものだというわけである[(3)]。多くの「親欧州派」は、欧州統合によって欧州内の国際政治はすでに国内政治へと変容したと考えている。しかし、「コスモポリタン的な欧州」の考え方はさらに進んでおり、欧州連邦共和国を、国際条約に基づく将来の世界国内政治(*Weltinnenpolitik*)の体制構築の出発点と見なしている[4]。ハーバーマスは別の著作で、EUは「政治的に構成された世界社会」に向かう道程の重要な段階であると書いている[5]。こうしてEUは、欧州の人々のためだけでなく、人類全体のために、「グローバルな国内政策に必要な条件を作り出すというコスモポリタン的な目標」を掲げて、リベラリズムを「再び埋め込む」ことができるのである[6]。

冷戦終結後の欧州の変容と中・東欧諸国を含むEUの拡大を背景に、世界全体がEUのイメージに作り変えられると「親欧州派」が信じ始めていた楽観的な時代に、ハーバーマスはこのような主張を行っていた。この時代については、第4章でより詳細に検証する。しかし、この原稿を書いている時点では、その信憑性はかなり低くなっている。例えば、冷戦終結後の最初の20年間は、EU域内の国境が撤廃されることは国境のない世界の前兆だと信じることがまだ可能だった。しかし、この10年間、特に2015年の難民危機以降、EUは強固な対外的国境が国内の国境の撤廃に伴う当然の帰結とみなすようになった。

「コスモポリタン的な欧州」という考え方のもう一人の有力な理論家は、社会学者のウルリッヒ・ベックである。コスモポリタン的な欧州に関するハーバーマスの著作と同様、ベックが「コスモポリタン」として捉えているのが、現実に存在するEUなのか、それとも将来あり得べきEUなのかについては曖昧である。ベックは、コスモポリタン的な欧州という自分のビジョンについて、「本質的に欧州が常に掲げ、今も掲げる理想と原則に基づいている」とし、「欧州の統合プロセスは、最初からコスモポリタン的な勢いを含んでいた」と述べている[7]。しかし、EUはこのコスモポリタニズムの理念を「制度化」したものの、ナショナリズムによって「変形」し、それゆえに「欧州を再考」する必要がある、という(8)。しかし、これは「欧州の再発見や再構築」を意味するのではなく、むしろ欧州統合をさらに進め、「不完全な欧州統合事業を完成させる」ことを意味すると強調している(9)。

ハーバーマスのコスモポリタン的な欧州の考え方が、EUが「世界の国内政治」の先駆けになりうるという楽観的な考えに基づいているのに対し、ベックはEUをコスモポリタンなプロジェクトと見なしている。というのも、EUが非階層的な方法で差異を認識するからである(10)。したがって、コスモポリタンな欧州とは、「受け入れられ、認識された相違による、**相違の欧州**」（太字の強調部分は原文の通り）である(11)。しかし、EUがこのように認識するのは欧州内の相違だけであり、言い換えれば、ベックは欧州を世界と取り違えている。つまり、ベックは欧州を世界と取り違えているのである。このことから、ベックはEUを理想化し、例えば「急進的な開放性こそが欧州統合事業の特徴である」と主張している(12)。EUの「コスモポリタニズム」は、ベックが「国民的自己欺《ぎ》瞞《まん》」と呼ぶものを拒絶することであるように思われる。つまり、反ナショナリズムやポスト・ナショナリズムの同義語を少し超えるものにすぎない(13)。

ハーバーマスの“The Crisis of the European Union: A Response”（2012）

ベックの“The Cosmopolitan Vision”（2006）

EUは本質的、構造的にコスモポリタンなプロジェクトではないが、それでもコスモポリタンと理解されるような目標や政策がある、と主張することは可能である。例えば、開発援助に対する欧州のアプローチや、欧州人による死刑制度の拒否を指摘する意見もある(14)。この議論を主張する別のものは、世界レベルで再分配が可能な正義を生み出すことを目的とした政策が中心となっている。しかし、このような目的や政策が、同じような意味でコスモポリタン的な目的や政策を持ちうるEU内外の国家とEUをどのように区別しているのかは明確ではない[15]。実際、開発援助などEUのコスモポリタニズムの一例とされる政策の中には、EUそれ自体の政策であると同様にEU加盟国の政策であるものもある。

EUをコスモポリタンとみなすもう一つの理由は、EUがその基盤としているとされる一連の普遍的価値観である。したがって、「親欧州派」の中には、EUをコスモポリタン的なプロジェクトとして際立たせているのは、そのグローバリズムというよりも普遍主義である、と指摘する人もいる。しかし、この点でもまた、EUが多くの国民国家とどのような違いがあるのかは不明である。特にフランスや米国は、自らを普遍的な価値観に基づいていると理解し、そのためコスモポリタニズムとナショナリズムを調和させることができると理解している。したがって、欧州をコスモポリタニズムの表現とみなすことで、それがどのように定義されるにせよ、「親欧州派」はEUと国民国家の対比を誇張し、そうすることで、欧州統合事業があたかもナショナリズムの対極にあるかのように理想化しているのである。

市民的・民族的・文化的地域主義

EUをコスモポリタニズムの表現と考えるのではなく、地域主義の表れと考えた方がより正確で有益である[16]。地域主義とは、多くの「親欧州派」が考えるように、ナショナリズムの対極にあるものではなく、むしろナショナリズムに類似したものである。言い換えれば、地域主義は、ナショナリズムに似ているが、より大きな大陸的な規模のものなのである[17]。EUのアイデンティティが、コスモポリタニズムの考え方よりも国家のアイデンティティに近いものであることは、「私は欧州人だ」という発言の意味を考えればよくわかる。自分が世界市民であると述べているわけではないし、もちろん「どこにも属さない市民」と述べているわけではないことは言うまでもない。テリーザ・メイ英首相は、２０１６年の保守党大会での演説でそうほのめかしたが、この発言は、世界市民ではなく、特定の地域の市民であると言っているのであり、この地域には世界の他の地域との間に特定の歴史と関係があると言っているのだ。

したがって、「親欧州派」は欧州というアイデンティティが包括的であると考える傾向があるものの、これは別の意味で排他的である。ＥＵは内部では包摂性があり、複数の欧州国家のアイデンティティを包含することができ、その意味で、各国よりも包摂的である。複数の欧州諸国に住んだことがある、両親が複数の欧州諸国の出身である、あるいはパートナーが他の欧州諸国出身であるなど、欧州内で国境を越える家族を持つ人々が、自分自身を欧州人であると考えることに最も魅力を感じることがあるのは、このためである。しかし同時に、欧州というアイデンティティは排他的である。つまり、欧州人でない人や欧州人であるとみなすことができない人は排除されるのである。

欧州のアイデンティティを一種の地域主義として考えることで、歴史を通して、さまざまなバージョンについてより明確に考えることができる。特に、市民的地域主義と民族的・文化的地域主義を概念的に区別することが可能になる。これは、もともとナショナリズムに関する影響力のある初期の研究でハンス・コーン（Hans Kohn）が行った市民的ナショナリズムと民族的ナショナリズムの区別に類似している[18]。コーンは、市民的ナショナリズムを、市民としての自覚を共有するための基盤として、自由主義的原則に対する集団の自発的なコミットメントに基づく包摂的ナショナリズムとして理解した。言い換えれば、少なくとも理論上は誰でも参加できる政治的共同体として理解した。一方、民族的ナショナリズムとは、民族、言語、宗教の共有に基づく、より排他的なナショナリズムである。

ナショナリズムの具体的な表現の一つが、それを体現する市民権の種類である。市民的ナショナリズムは、一般的に「生まれ」による市民権（出生地主義、jus soli）という考え方と結びついている。一方、民族的ナショナリズムは、一般的に血縁による市民権（血統主義、jus sanguinis）の考え方と結びついている。出生地主義は一般的に、米国やアメリカ大陸のその他の国家のような入植者社会で見られるものであり、一方、血統主義は欧州を含む世界の他の地域で標準となっている傾向がある。（現在、ほとんどの欧州諸国は、この2つの市民権を組み合わせたモデルに収斂している。例えば、ドイツの市民権は伝統的には血統主義に基づくものであったが、2000年の制度改正により、出生地主義の要素が含まれるようになった。逆に、英国の市民権法は伝統的に出生地主義に基づいていたが、1981年に血統主義の要素を含むように改革された。）

コーンは、市民的ナショナリズムを、「西部」ナショナリズムと結びつけ、また、民族的ナショナリズムは自由主義的ナショナリズムに対するものであり、「東部」ナショナリズムに結びつけた[19]。コーンは、「リベラルな」ナショナリズムあるいは西部のナショナリズムの起源を、古代ギリシャやユダヤの思想から、16世紀英国の名誉革命を経て、市民的ナショナリズムの最も純粋な形態を生み出したアメリカ革命やフランス革命まで辿っている。コーンが「有機的」（つまり、国家は意志的なものではなく、自然なものだと理解している）と呼ぶ反自由主義的ナショナリズムは、この自由主義的ナショナリズムに対する反応として生まれた。その典型が、ナポレオン時代のフランス占領に対抗して生まれ、ナチズムに結実したロマン主義的なドイツのナショナリズムである。

しかし実際には、米国、英国、フランス、ドイツのナショナリズムはすべて、市民的要素と民族的・文化的要素の両方を兼ね備えている。ナショナリズムのあらゆる形態は、ある程度排他的である。ナショナリズムは、世界の全人口に対して開かれているわけではない。多くの場合、ナショナリズムの違いは、他者を排除する度合いよりも、具体的に誰を排除するのか、どのような根拠に基づいてその排除を行うのかにある。一部には包摂的で、別の一部には排他的なのである。さらに、ナショナリズムのほとんどすべての形態は、市民的ナショナリズムの実施例とされるものでさえ、少なくともある程度は民族的・文化的な用語で自らを定義している。したがって、市民的ナショナリズムと民族的・文化的ナショナリズムの形態は、特定の国家の事例の記述というよりも、むしろ理想的な形態として理解されるべきである。

この複雑さを示す好例が米国のナショナリズムであり、コーンはこれを「ほぼ純粋な市民的ナショナリズム」と理想化している[20]。憲法に明記されている出生地主義による市民権の原則は、一般に市民権の獲得を民族や文化、宗教によって認めている欧州諸国とは一線を画している。

しかし、出生地主義の市民権が修正第14条によってアメリカ合衆国憲法に盛り込まれたのは、南北戦争の終結後のことだった。エリック・フォーナーが「第二の建国」と呼ぶものの一部であり、同条は「市民権を白人性と同一視してきた強力な伝統の劇的な否定」であった。だが、１９６０年代半ばまで投票権を得られなかった南部のアフリカ系米国人には、完全な市民権を保障するものではなかった[21]。言い換えれば、コーンは米国のナショナリズムの民族的・文化的要素を無視しているのである。

とはいえ、市民的ナショナリズムを西部に、民族的ナショナリズムを東部に関連づけたことはさておき、コーンの研究が概念的な区別としては有用であることに変わりはない。特に、欧州ナショナリズムをより正確に理解するのに役立つ。しかし、特定のナショナリズムのアイデンティティを、明快に市民的なものか、あるいは民族的・文化的なものかという観点で考えるよりも、クレイグ・カルフーンが言うように、それぞれのナショナリズムは、程度の差こそあれ、市民的要素と民族的・文化的要素が絡み合っていると考えた方が有益である[22]。したがって、個々のナショナリズムをコーンの二項対立のどちらか一方に位置づけるのではなく、それぞれのケースにおける両者の間の緊張関係を研究する方が有益であろう[23]。

欧州地域主義についても、同様のアプローチをとることができる。第2章以降で述べるように、欧州という概念の長く複雑な歴史において、ナショナリズムは市民的要素と民族的・文化的要素の両方を持っていた。欧州におけるナショナル・アイデンティティと同様に、近代欧州のアイデンティティも啓蒙主義から生まれ、民族的・文化的要素と市民的要素の双方を含む、人種主義的で合理主義的なアイデンティティを生み出した。第二次世界大戦後、少なくともエリートたちの間では、後にEUとなるものを中心とした、より市民的なアイデンティティが新たに生まれた。しかし、こうしたエリートたちは、欧州統合事業に正統性と情念を与えようとする際に、常に以前の、より民族的・文化的なバージョンのアイデンティティを利用していたし、今でもなお、欧州地域主義の市民的バージョンと民族的・文化的バージョンの双方が考慮されている。

想像の共同体としての欧州

国家を理解するもう一つの有力な方法は、ベネディクト・アンダーソンの研究に基づき、「想像の共同体」として理解することである[24]。ナショナリズムは、国家を「自然なもの」に見せる、つまりあたかも昔から存在していたかのように見せるが、実際には社会的に構築されたものである。アンダーソンは、ナショナリズムが出現したのは、まずアメリカ大陸のクレオール社会（ブラジル、米国、スペインの旧植民地）であり、次いで欧州において、近代性と啓蒙主義の文脈の中で出現したと論じた。

17世紀以降、宗教的な確実性が失われ、君主がそれまで持っていた当然の正当性を失い、時間に対する概念が変化するにつれて、神聖な想像の共同体に代わる新たな帰属意識が必要とされた。すなわち、欧州の場合、「キリスト教世界という想像の共同体」に代わるものだった[25]。

アンダーソンにとって、ナショナリズム出現の決定的な要因は、アンダーソンが「印刷資本主義」と呼ぶものだった。つまり、印刷機によって可能になった書籍と新聞の大量生産と商品化のことを指しており、これによって「自分自身について考えるようになった人が急速に増え、他者と深く新しい方法で関係することが可能になった」ことにあった[26]。特に、欧州の宗教エリートの共通語だったラテン語で書かれた書籍の読者市場がすぐに飽和状態になったため、出版社は自国の言葉である「印刷用の国語」で書籍を生産し始めた。このことは、こうした国語を標準化する効果があった。このため、偶発性を意味あるものに変える中で、国家は以前の宗教的アイデンティティの役割を果たすことができるようになり、その偶然を意味あるものとしたのである。アンダーソンは「好機を運命に変えるのは国家という魔法である」と書いている[27]。

欧州もまた、一つの「想像の共同体」として理解することができる[28]。アンダーソン自身、「直接顔を合わせることのできる原始集落よりも大きな共同体はすべて（そして、おそらく村落さえも）想像の産物である」と述べている[29]。しかし、私たちはさらに踏み込むことができるだろう。もし「想像された共同体」がこの意味で規模の機能を果たしているとすれば、地域としての欧州はある意味で、欧州の諸国よりも、より想像された共同体なのかもしれない。もちろん、中国やインドのように、欧州全体よりも人口が多い国もある。しかし、少なくとも欧州の国家と比

アンダーソン『想像の共同体』（改訂版 2006 年。初版刊行は 1983 年）

べれば、欧州の地域主義は、いわば現地のアイデンティティからさらに一歩先に進んだところにある。したがって、欧州地域主義とは、欧州における個々の国家のアイデンティティよりも、さらに大きな範囲で想像されたものであり、別の言い方をすれば、媒介されたものであると考えることができる。

しかし、別の意味では、欧州は国家とは少し異なる種類の想像の共同体かもしれない。アンダーソンは、想像された政治的共同体であると定義し、これは「国家とは、本質的に限定され、かつ独立したものであると想像される」と明言している[30]。アンダーソンは次のように書いている。

国家は「限定されたもの」として想像される。というのも、おそらく10億人の生存する人間を包含する最大規模の国家でさえ、その境界線は変動することがあるとはいえ有限であり、その向こう側には他の国家が存在するからである。いかなる国家も、自らを人類と同質のものだとは考えていない。最も熱烈なナショナリストたちですら、例えばキリスト教徒がキリスト教徒だけの地球を夢見るかのように、全人類がある時代を迎えて、自分たちの国家に加入する日が来るのを夢見るようなことはないだろう[31]。

一方、欧州は、国家とは異なる方法で、その境界を曖昧にしている。国家の国境が伸縮自在であるのと同様に、欧州の境界も伸縮自在である（例えば、欧州がどこで終わり、アジアがどこで始まるかについては、常に曖昧であった）。それだけではなく、欧州はまた、国家とは異なる方法で自らを想像することでもある。その境界線が有限であるかどうかという問題をめぐっては、特にそうである[32]。

すでに述べたように、「親欧州派」は時にEUを、自らのイメージで世界を作り変えるような拡大的な共同体として捉えてきた。特に冷戦終結後の20年間においてそうであった。これについては、第

３章で扱う。言い換えれば、欧州地域主義には、アンダーソンが初期の宗教的アイデンティティに見出したような救世主的な願望のようなものがある。このことは翻れば、欧州人のアイデンティティは元来、キリスト教とほぼ同義であったことと関係しているのかもしれない。これについては、第２章で述べる。しかし近年では、ＥＵはその限界について明確にしつつある。そうすることで、「親欧州派」の主権に関する考え方も変わりつつある。「親欧州派」は従来、主権という考え方を時代錯誤のものとして否定し、主権を克服する方法として欧州統合を捉えていた。しかし、ここ10年の間に、第５章で述べるように、彼らは「欧州主権」という考え方を受け入れるようになった。言い換えれば、欧州地域主義は、以前よりもナショナリズムに近づきつつある可能性がある。

戦後の欧州統合プロジェクトが始まった当初、欧州のアイデンティティがナショナリズムに類似し、その最悪の特徴をそのまま複製しかねないと考える者もいた。例えば、ハンナ・アーレントは欧州統合を支持していたが、米国とソ連の間で冷戦の対立が生まれ、欧州の連邦化についての議論が盛んになっていた時期の１９４８年に、次のように書いている。

> この点で多くの欧州の知識人が困っているのは、念願の欧州の連邦化が確実な可能性を持つようになった今、世界の大国による新たな権力構造のために、かつてのナショナリズムをより大きな構造に適用し、かつてのドイツ人、イタリア人、フランス人と同じように、狭量で排外主義的な欧州人になることがあまりにも容易になってしまった[33]。

アーレントの当該する論考「ランドスクール講義」を収めた『アーレント政治思想集成』(邦訳 2002年)の原著。

言い換えれば、アーレントは統一された欧州を中心とした民族的あるいは文化的なアイデンティティの可能性を予見していたのである。

他方、今日の「親欧州派」で、欧州のアイデンティティをこのようにナショナリズムと類似するものと考える人はほとんどいない[34]。このことは翻れば、欧州のアイデンティティを理想化することの当然の結果として、民族的・文化的なアイデンティティと市民的なアイデンティティとを区別することではなく、ナショナル・アイデンティティ（国民意識）全般を悪者にする傾向があることと関係している。ベネディクト・アンダーソンは、「進歩的でコスモポリタンな知識人たちが（特に欧州において?）、ナショナリズムの病理学的性格に近いもの、他者への恐怖や憎悪の根底にあるもの、および人種差別主義との親和性に固執する」ことがいかに一般的であるかについて述べている[35]。このようにナショナリズムを捉える傾向は、「親欧州人」の間で特に強い。せいぜいナショナリズムを時代錯誤とみなすか、下手をすれば、ナショナリズムを危険な力と見なす。フランソワ・ミッテラン仏大統領が1995年に欧州議会での最後の演説で述べたように、「ナショナリズムは戦争」なのである[36]。

しかし、ナショナリズムをこのように捉えることには、どこか欧州中心主義的なところがある。パルタ・チャタルジーが言うように、ナショナリズムを「暗く、根源的で、文明生活の秩序ある平穏を脅かす、原初的な自然の予測不可能な力」という考え方と、独立闘争当時のインドのような反植民地ナショナリズムの経験を結びつけるのは難しい[37]。ナショナリズムを純粋に否定的に捉えることは、チャタルジーがナショナリズムの「解放的側面」と呼ぶものを曖昧にしてしまう[38]。ナショナリズムと地域主義の違いを誇張することによって、欧州人、特に、国民国家の歴史を自ら自身の経験というプリズムを通して見る傾向があるドイツ人は、欧州地域主義が欧州ナショナリズム」と類似する可能性にも盲点を形成している。

この盲点を示す好例が、2020年の新型コロナウィルス感染症（COVID-19）の拡大に対するEUの対応である。3月初め、ウイルスが欧州を席巻し、特にイタリアが大きな打撃を受けると、フランスとドイツは個人防護具（PPE）の輸出制限を課した。これは一般に「親欧州派」からは危険なナショナリズムと見なされた[39]。その1週間後、この輸出規制は解除され、EU自身が欧州域外へのPPEの輸出を制限したとき、それは欧州の団結の勝利とみなされた[40]。欧州委員会のウルズラ・フォン・デア・ライエン委員長は「私たちは互いに助け合う必要がある」と述べた[41]。しかし、EUが加盟国を批判したのと同じことを、地域的なレベルで実行し、その結果、世界にとってさらに悪い結果を招きかねないという認識は、「親欧州派」の間ではほとんどなかったようだった。

同様に、ドイツが2020年に6か月間のEU議長国に就任した際、ドイツは「力を合わせて欧州を再び強力にしよう」というスローガンを掲げた。ドイツ政府がトランプ政権のスローガンである「アメリカを再び偉大な国に」に倣ったが、このスローガンが国家でなく地域に適用されたことにより、その意味はトランプ大統領が意味するものとは正反対に変容すると想定していた。ドイツの元外交官で熱心な「親欧州派」であるヴォルフガング・イッシンガーは、このスローガンに問題があるとは考えなかった。「強力なEUをドイツが提唱することは、ナショナリズムの推進や賛美とは正反対だ」とツイートした[42]。言い換えれば、極右的なスローガンは問題ではなく、あるいは、国民国家ではなく欧州という地域に当てはめるのであれば、魔法のように極右的なスローガンではなくなるということなのである。

アイデンティティの形成と構成的部外者

欧州ナショナリズムと欧州地域主義の類似点と相違点をさらに深く理解し、それにより欧州がどのような想像の共同体であるかを正確に考えるためには、それぞれのケースにおけるアイデンティティの形成プロセスをより詳細に検討することが必要である。その際には、国家や地域のアイデンティティに関する神話、つまり、それ自体がナショナリズムや地域主義の産物である単純化された慰めの物語と、アイデンティティ形成に関するより批判的な説明とを区別することが重要である。というのも、「親欧州派」自身が欧州のアイデンティティを強化することの重要性を信じているため、「親欧州派」がEUの「物語」を作ろうとする試みは、EUに対する理解を深めるのではなく、「利用可能な過去」を作り出すために、EUを神話化してしまう場合がよくあるからである[43]。

とりわけ、欧州のアイデンティティの形成については、その歴史について理想化され、単純化された見方に基づいて考える傾向がある。そして、欧州は閉じたシステム、言い換えれば、他の地域から切り離された自己完結的な歴史を持つ地域として想像されるということである。これは、欧州の歴史を、古代ギリシャとローマからキリスト教、ルネサンス、啓蒙主義を経て最終的にEUに至るという直線的な物語に還元するものである。この歴史観は、他の国や地域の歴史との深い相互関係、特にアフリカと中東から欧州への複数の外部からの影響（即ち、欧州内における非欧州の存在）を消し去り、争われたり変化したりしてきた欧州の地理的境界線を越える世界のその他の国々と欧州人との交流（即ち、非欧州内における欧州の存在）を消し去ってしまう[44]。

アイデンティティの形成という観点で、欧州をこのように閉じたシステムとして考えることは、「構成的部外者」の役割を不明瞭にしてしまう。「構成的部外者」とは、アイデンティティが定義される人々から見て他者となる人々である。スチュアート・ホールは、アイデンティティというのは「差異によって構築される。その差異とは、同じではないすべての事柄、そこに欠けているものすべてである」[45]と述べている。これは特に欧州に当てはまることである。欧州は「絶えず、さまざまな時代に、さまざまな方法で、さまざまな『他者』との関係において、『他者』との違いを象徴的に示すことによって、自分たちが何であるか、つまりアイデンティティを確立しようとしてきた」。欧州のアイデンティティと西部（欧州）というより広範な理念は、「西欧諸国を独特の社会形態へと徐々に形成していった内的過程だけでなく、他の世界との差異に対する欧州の感覚によっても形成されたものである。つまり、どのようにして自らをこうした他者との関係において表現するようになったか、なのである[46]。

この意味で、欧州のアイデンティティは、欧州諸国における国家アイデンティティと同じように、つまり他者に対比して形成されたのである。しかし、欧州諸国における国家アイデンティティは、その大部分が互いに対比する形で定義されていた。つまり、他者とは他の欧州人のことであった。例えば、18世紀以降、英国らしさとは、外敵、とりわけフランスに対抗するものとして定義された。「欧州大陸の大部分、とりわけフランスとスペインの圧倒的なカトリックの教義は、新たに創り出された英国に対し、自らを有益に定義する上で、手強《てごわ》い「他者」としての姿を提供した」とリンダ・コリーは書いている[47]。同様に、19世紀以降、ドイツのナショナリズムもフランスに対抗する形で定義された[48]。特に1848年以降、ドイツのアイデンティティは、フランスの「文明」（Zivilisation）と対比されるドイツの「文化」（Kultur）という概念によって定義された。

対照的に、欧州のアイデンティティは、複数の非欧州的な他者との対比で形成され、その相対的重要性が時代とともに変化したことは、第2章で論ずる。欧州がキリスト教とほぼ同義であった中世の時代には、ユダヤ人が主要な内的他者であり、イスラム教が主要な外的他者であった。啓蒙主義の時代以降、特に植民地時代には、世界中の非白人が欧州の「構成的部外者」となった。20世紀に入ると、欧州は徐々にロシアや米国に対比して定義されることが増え、競争相手と見なされるようになった。後で論ずるように、EUを中心とする戦後の欧州構想は、多くの「親欧州派」が信じたいと思っているほど、このような他者との対比の歴史ときれいに決別したわけではない。

親欧州派は一般的に、欧州のアイデンティティをナショナリズムに類似していると考えはしないが、「欧州の建設」が、特に19世紀のより自覚的な「モジュール化」された国家建設のプロセスに類似していることは認識している。実際、「親欧州派」らは、欧州におけるこの種の国家建設を、欧州市民(*demos*)の誕生の先駆けであるとしばしば指摘する。例えば、ユルゲン・ハーバーマスは、19世紀の欧州諸国が「徐々に国民意識と市民的連帯を**作り上げていった**」ことを指摘し、欧州レベルで再びそれを行うことは当然の展開であろうと示唆している。ハーバーマスは、「こうした学習プロセスは国境を越えて継続していくのではないだろうか」[49]と述べている。このように、ナショナリズムと地域主義の類似性は、「親欧州派」にとって楽観主義の源となっているのである。

アイデンティティの形成過程におけるこの類似性はさておき、それでも「親欧州派」は、ハーバーマスの「学習プロセス」という考え方が示唆するように、欧州地域主義はナショナリズムとは質的に異なり、規範として優れていると主張する。しかし、欧州について語るとき、多くの「親欧州派」は、ハーバーマスがいう「憲法愛国主義」(*Verfassungspatriotismus*)の大陸版とも言える「市民的地域主義」ではなく、「民族的・文化的地域主義」を示唆する概念を用いる。このことは、欧州のアイデンティティとEUがどのようにイメージされるかということの中心にある緊張を再び示している。「親欧州派」は欧州を国家とは異なるもの、あるいはその対極にあるものと考えているが、ナショナリストが国家について語るのとよく似た方法で欧州について語ることが多い。

その好例が、「欧州は運命共同体(*Schicksalsgemeinschaft*)」という考え方である。この概念は、

モラン『ヨーロッパを考える』初版（1987年）

特にドイツにおいて、国家的な文脈で使用される場合、通常問題視される。特にドイツでは、この概念は国家というものに対する原始的、あるいは政治的以前の考え方を示唆するものとみなされている。しかし、この言葉は「親欧州派」がしばしばEUに適用することがある。「親欧州派」は、国家レベルではなく地域レベルで適用する場合にはまったく問題がないと考えているようである。例えば、エドガール・モランは１９９０年に、欧州人は１９４５年以来、共通の運命を意識するようになり、今や「運命共同体の時期に到達した」と書いている(50)。特にウクライナ戦争が始まって以来、欧州人はますます脅威を感じるようになり、ＥＵが「運命共同体」であるという感覚はさらに強まった。

エスノリージョナリズム

ＥＵをナショナリズムに類似した一種の地域主義の表現と考えることが有益である最後の理由は、そのように見ると、今日の欧州における政治的展開、特に、エスノリージョナリズムと呼ばれるものの出現をより明確に理解できるからである。この10年間、欧州政治に関する多くの議論は、リベラリズムと非リベラリズム、中道主義とポピュリズム、国際主義・グローバリズムとナショナリズム・愛国主義といった、一連の二項対立を軸に展開されてきた。このような二元的な考え方は、欧州懐疑派の極右政党による、問題のある言動や政策に注目する一方、中道右派政党が国家を欧州の名に代えて、ちょうど同じような言動の多くを採用し、同じような政策の多くを遂行していることを曖昧にしてきた。それこそは、ハンナ・アーレントが懸念していたことだった。

この10年間、欧州政治に関する議論の多くは、明らかに不可避な「ポピュリズム」の台頭を中心に交わされてきた。ポピュリズムは一般に国家的な現象であると想定されてきた。ナショナリズムとポピュリズムはしばしば混同され、「国家的ポピュリズム」といった概念で語られることがある。しかし、このようなナショナリズムとポピュリズムの混同は、極右の人物や政党、運動が欧州について語る方法を単純化するものであり、欧州懐疑主義に還元されうるものではなく、実際にはもっと曖昧で両義的なものである(51)。特に極右の政治家はしばしば欧州文明について語るが、この時、欧州文明はキリスト教と同一視され、とりわけイスラム諸国からの移民によって脅かされていると位置付ける。したがって、極右の政治家は自らをナショナリストとしてだけでなく、欧州地域主義者であると見なしている。具体的には、(欧州)市民というよりは、民族的・文化的な意味で定義された欧州の擁護者として、そう見ているのである。

ロジャース・ブルーベイカーは、北欧や西欧諸国におけるポピュリズムの明確な多様性を指摘している。このポピュリズムは、まずオランダで出現した。移民やイスラム教といった問題に対する極右的な立場と、ジェンダー平等、同性愛者の権利、言論の自由といった問題に対するリベラルな立場を組み合わせたものである。実際、オランダのような国々の極右政党はしばしば、後者に言及することにより前者を正当化することがある(52)。これとは対照的に、ハンガリーやポーランドのような中・東欧諸国の極右政党は、こうした問題に対してリベラルな立場をとっていないとブルーベイカーは主張する。しかし、これは「文明主義」的で世俗的な北欧や西欧諸国の極右と、「ナショナリスト」で宗教的な中・東欧諸国の極右の違いを誇張しすぎている懸念もある。

ナショナリズムと文明主義の混合という観点から、欧州全域の極右を考える方が役に立つかもしれない。ブルーベイカーの言葉を借りれば、極右は「狭義の国家的」だけでなく「広義の文明的」な観点から「自己と他者の対比を解釈」している。たとえこの２つの要素のそれぞれに重きを置くという点では違いがあったとしてもである。いずれにせよ、ここで重要なのは、欧州における極右は、単に国家を代表して欧州に**対抗しているの**ではなく、欧州を**代表して**、つまり「国家とは異なる文化的・政治的空間の異なるレベルに位置する、異なる種類の想像の共同体」を代表して発言しているということである。したがって、ある意味で、極右は「親欧州派」でもある。

極右の台頭に対する主流の「親欧州」政党の反応は、極右に異議を唱え、極右とは反対の立場を主張する一方、極右の構想や立場の一部を取り入れることであった[53]。特に、「親ＥＵ」の中道右派は、欧州懐疑的な極右のナショナリズムを否定する一方、欧州文明が脅かされているという考え方は取り入れていた。このように、中道右派と極右の差異は徐々に曖昧になっていった。実際、欧州において中道右派と極右を明確に区別するのは、ＥＵそのものに対する姿勢だけかのように思われることもある。その意味で、「地域ポピュリズム」、つまり、国家的ポピュリズムの「親ＥＵ」版と捉えることも可能であろう。

中道右派の一部が持ち出した極右的な表現で特に影響力があるのは、「グレート・リプレイスメント」（大代替）という思想である。フランスの作家ルノー・カミュは、２０１１年に出版した著書『グレート・リプレイスメント』（*Le Grand Remplacement*）の中で、イスラム教徒の移民が欧州文明を破壊する恐れがあると主張した。「白人代替理論」（White replacement theory）は欧州をはじめとする極右勢力に影響を与えてきた（特に、２０１９年にニュージーランドのクライストチャーチの２つのモスクで51人を殺害したブレントン・タラントや、２０２２年にバッファローのアフリカ系米国人が大半を占めるコミュニティで10人を殺害したペイトン・ジェンドロンに影響を与えた）[54]。しかし、極右の国民連合（Rassemblement National：RN）からの圧力を受け、2022年の大統領選で共和党の候補者だったヴァレリー・ペクレスのようなフランスの政治家も、「グレート・リプレイスメント」という思想に言及し始めていた[55]。

しかし、おそらくもっと憂慮すべきで、それに気づきにくいのは、グレート・リプレイスメント理論がEUそのものに関する思考に影響を及ぼし、その「親EU」版を生み出している、より巧妙な方法である。ナショナリストがフランスのような特定の国家や民族の「リプレイスメント」を強調するのに対し、一部の「親欧州派」はこの図式を「欧州化」し、民族的・文化的な意味で定義される欧州の「リプレイスメント」を懸念しているのである。実際、一部の人々にとって、リプレイスメントへの恐怖こそが欧州人を団結させるのである。これは特に、「欧州的生活様式」に対する脅威と認識される移民に関する議論だけでなく、欧州の「消滅」を防ぐための欧州外交政策の必要性に関する議論にもみられる。こうした動きについては、第5章で詳しく述べる。

この10年の間に、一種の防衛的な文明主義が「親欧州派」に台頭してきたのではないかと考えている。私はこれを「欧州統合プロジェクトにおける文明主義的転回」と呼んでいる[56]。しかし、文明主義的な表現や政策を用いる「親欧州派」の方法は、それがいかに問題であるかを分かりにくくしてしまっている。極右思想が欧州統合プロジェクトに忍び込む影響に気づくことさえ難しかったのは、EUは人種差別と対立するものであり、それゆえ人種差別と相容れない、あるいは人種差別の影響を受けないものであるという二元論的思考があるからである。事実、この二元的思考のために、ごく表面的な議論を除いては、EUに関連して人種や人種差別の問題を論じることさえ難しくなっている。欧州人のアイデンティティと白人性との間に、長く密接な歴史的関係があることを考えると、とりわけ奇妙なことである。

私は本書で、欧州のアイデンティティが白人性に還元されるとか、欧州地域主義が自動的に民族的・文化的なものであると主張したいのではない。第2章で述べるように、１９４５年以前でさえ、欧州に関する考え方は市民的要素と民族的・文化的要素の両方を含んでいた。しかし、多くの「親欧州派」が信じたいと考えているように、欧州地域主義の民族的・文化的要素は１９４５年以降に単純に消滅したわけではない、と私は考えている。むしろ、それはより巧妙な形で継続し、戦後の欧州統合事業に影響を与えたのであって、純粋に市民的な地域主義を新たに生み出したわけではないのである。欧州地域主義全般というより、むしろ、欧州地域主義、特にEUを中心とした第二次世界大戦後の地域主義に見られる民族的・文化的要素こそ、私たちが「ユーロホワイトネス」とも呼ぶべきものなのである。

第2章 欧州という概念

Ideas of Europe

「親欧州派」は、ＥＵが欧州大陸の暗い歴史との一種の明確な決別を象徴していると考える傾向がある。特に、ＥＵがナショナリズムの否定を具体化したものだと考えている。このナショナリズムは、何世紀にもわたって欧州域内、特にフランスとドイツの間で軍事的対立を生み、２つの世界大戦に至らしめたものだ。しかし、ナショナリズムを否定することで、人種差別のような欧州の歴史における他の関連する潮流を克服したとも考えている。マーク・レナードが言うように「欧州の他者とは、欧州自身の過去である」(1)。「親欧州派」の中には、この決別を喜ぶ者もいれば、問題視する者もいる。例えば、ルーク・ファン・ミデラーは、ＥＵが１９４５年以前の欧州の歴史から「自らを切り離す」

ところまで行ってしまったため、ＥＵの指導者たちはＥＵが相手とする国々の指導者たちのように欧州について語ることができなくなったと主張している(2)。

しかし同時に、１９４５年以前の欧州大陸の歴史は、ＥＵのインスピレーション（刺激）と正当性の源泉として常に引き合いに出されている。特に、ＥＵは啓蒙主義について、ＥＵが掲げる「欧州的価値」の基盤であるとみなしている。ＥＵはまた、ルネサンス期の人文主義者であるエラスムスのような文化的、知的、政治的な人物を称賛し、エラスムスの名を冠した学生交換プログラムに資金を提供している。したがって、ＥＵが「自らを歴史から切り離した」という主張は単純にすぎ、ＥＵが欧州の歴史を拒否してきた方法は、それが示唆することよりもはるかに個別具体的である。むしろ、ＥＵ支持者は、ＥＵが欧州の歴史における良い部分を継承する一方、悪い部分を拒絶していると考えている。ＥＵは、欧州史の良いところを抽出した神髄、あるいはその教訓の産物として想定されているのである。

しかし、欧州の進展をこのような理想化する見方は、エドガール・モランが想像したように、さなぎから生まれた蝶のようなものであり、ＥＵとその過去との関係を単純化している(3)。欧州という概念の歴史には、良いものは受け入れ、悪いものは拒絶するという単純な考え方では捉えきれないほど複雑で、深い連続性がある。ＥＵを構想するイメージの方法には、欧州という概念の歴史のより不穏な要素、すなわち、欧州地域主義の市民的な要素だけでなく、民族的・文化的な要素も利用されている。本章では、古代ギリシャから第二次世界大戦に至る、欧州という概念の歴史を簡潔に振り返る。そこに通底しているのは、優越感の感覚と、それに付随する世界の他の地域を「文明化」しようとする衝動であり、それは中世における宗教的使命から、近代における合理主義的、人種主義的使命へと発展した。

中世欧州とキリスト教

欧州という概念は、神話にふさわしく始まる。エウロペ（Europa）はフェニキアの王女（現在のレバノン出身）で、白い雄牛に化けたゼウスに誘拐されて、クレタ島に連れてこられた。しかし、欧州がその後同一視されるようになった地理的な地域は、古代ギリシャ人にとっては不確定なものだった。最初に、ある地理的空間が欧州と呼ばれたのは、紀元前6〜7世紀のホメロスの「アポロ讃歌」の中でであり、そこでは欧州はクレタ島ではなく、エーゲ海の島々とは異なるギリシャ本土であるとされている。欧州と呼ばれる空間について初めて詳しく論じたのはヘロドトスであるが、欧州の境界は「まったく不明」であり、リビア（つまりアフリカ）、アジア、欧州は「実際にはひとつ」であると結論づけられた(4)。一方で、ヘロドトスは、エウロペがゼウスではなくクレタ人によって誘拐されたこと、エウロパ自身は「アジア人」であって、「ギリシャ人が現在欧州と呼んでいる土地に足を踏み入れたことすらない」ことに確信を持っていた。

その名前自体は別として、欧州人がギリシャ人から受け継いだのは、自分たちの「ポリス」（政体）と、「エクメーネ」（既知の、居住者がいる世界、または居住可能な世界）というその他の2つの地域、特にペルシャ人と同一視される「野蛮」の間の対比という概念だった(5)。ギリシャ人がアフリカ、アジア、欧州に三分割した世界観を受け入れたギリシャ人とローマ人にとって、現在欧州と考えられている地域の住民（例えばドイツ人）は野蛮人そのものであった。しかし、欧州人は他者を野蛮人と見なし、自分たちが古代ギリシャとローマ文明の継承者であると見なすようになる。こうして、「欧州」の地理的な境界線が移動しても、欧州と同一視される文明と、それ以外と同一視される野蛮との対比は残ったのである。

この欧州という不確定な空間が「アイデンティティ」となり始めたのは、中世のことである。人々が初めて「欧州人」として表現されたのは、７５４年に著者不明で出版されたウマイヤ朝によるヒスパニア（現在のイベリア半島）征服のラテン語による歴史書『モサラベ年代記』（Mozarabic Chronicle）で言及される「*euopenses*」だと思われる。この単語は、フランク王国の指導者カール・マルテル（フランス語ではシャルル・マルテル）がウマイヤ朝軍を破った７３２年のトゥールの戦い（フランスではポワティエの戦いとして知られる）に関する記述の文脈で登場し、特に「欧州人」が「アラブ人」と対比されている[6]。空間としての欧州ではなく、民族としての「欧州人」へのこの言及は、欧州人のアイデンティティの始まりであると時に見なされるが、その後数百年の間、「欧州人」への言及は稀であった。

しかし、この言葉が使われた範囲では、言い換えれば、欧州人というアイデンティティが存在した範囲では、この言葉はキリスト教とほぼ同義であり、キリスト教は複数の非キリスト教的な他者と対立するものとして定義され、この他者は野蛮と同一視された。中世の反ユダヤ主義は、「血の中傷」（ユダヤ教徒がキリスト教徒の子どもを拉致誘拐し、その生き血を祝祭の儀式のために用いているとする告発 ── 訳者注）などの宗教的慣習への疑念を中心としており、ユダヤ人が欧州の主要な内部他者であると位置づけられた。11世紀にローマ・カトリック教会と東方正教会が分裂した後、現在の欧州大陸も東方教会と西方教会に分割された。すなわち、東方正教会もまた、カトリックの西欧にとって他者として機能することができた。しかし、欧州が何よりイスラム教と対立するものとして定義されていたことが、分裂にもかかわらず、キリスト教の欧州としての統一意識を強化したのである。

イスラムに対抗するものとしての初期の欧州のアイデンティティは、欧州内外のイスラム教徒との長期にわたる対立の中で形成された。欧州内部では、イスラム教徒が７１１年に西ゴート族を倒して以来、イベリア半島の大部分が支配されるようになり、これがアラビア語名のアル・アンダルスとして知られるようになった。しかし、その後７００年にわたるレコンキスタの間に、イスラム勢力は徐々に南部に押され、欧州最後の独立イスラム国だったグラナダ首長国は１４９２年に滅亡した。欧州外部では、11世紀から13世紀にかけての十字軍は、キリスト教と欧州人のアイデンティティをさらに強固なものにすることに貢献した。シェーン・ウェラーが言うように、十字軍は今日の言葉で言えば多国籍軍であり、キリスト教と欧州の両方の概念によって団結していた(7)。

デニス・ヘイによれば、この時期の大半は、キリスト教という言葉は、欧州という言葉よりもずっと響くものであり、欧州より頻繁に使用されていたという(8)。しかし、14世紀、特に15世紀にかけて、欧州という言葉とその感情的内容が大幅に増大した、とヘイは主張する。その頃までに、私たちが現在、西欧と南欧として理解している地域の大部分は「キリスト教化」されていた。一方、イスラム勢力がエルサレムそのものを含む、現在私たちが南東欧と中東として考えている地域の支配を強化していたため、キリスト教の広範な布教は止まった(9)。こうして欧州とキリスト教は「一体化」したのである(10)。しかし、西欧と南欧における教会の力が衰えるにつれて、「欧州の自己意識」が生まれ、キリスト教を中心とした以前のアイデンティティは「侵害され」あるいは「追い出された」のだとヘイは主張する(11)。

キリスト教と一体化した欧州という意識は、イスラムの脅威に対する認識と改宗という使命の双方からもたらされた。すなわち、防衛的な側面と攻撃的側面があったのである。イベリア半島がイスラムの支配下に置かれたままでも、十字軍はキリスト教の拡大を目指した。しかし、１２９１年に十字軍が終わり、拡大するオスマン帝国側に１４５３年、コンスタンティノープルが陥落した後、欧州人はより防衛的になった。ヘイによれば、例えば、ローマ教皇ピウス2世は、「欧州の」という形容詞を頻繁に使った最初の教皇であり、「我々のキリスト教的欧州」を守るために軍を動員しようとした(12)。欧州におけるイスラム教徒の進軍に対する恐怖に支配されたこの時期は、１５２９年にオスマン帝国によるウィーン包囲を撃退するまで続いた。この後、攻撃的な布教は復活し、近世には欧州人が発見した世界の他の地域へ広がった。

　誰よりも中世ヨーロッパを体現する人物は、シャルル・マルテルの孫であるカール大帝（７４７〜８１４年）である。カール大帝は、フランク王国を西部欧州の大部分を占めるカロリング朝の帝国へと拡大し、後に神聖ローマ帝国へと発展させた。カール大帝は、欧州のキリスト教化を続け、そのためには時に残忍な手法を用いた。７７８年にピレネー山脈を超えて以降は、11世紀の叙事詩『ローランの歌』で神話化されている「レコンキスタ」で重要な役割を果たした。カール大帝は少なくとも欧州大陸の西半分を統一し、現在のイタリアとフランスに当たる地域を再び結びつけたことから、同時代の人々からは「欧州の父」と呼ばれた(13)。カール大帝は、欧州の指導者、もしくは欧州のアイコンとして今日に至っている。つまり、カール大帝が８１４年に埋葬された地であるアーヘンでは、「欧州統一に貢献した功績」に贈られる最も名誉ある賞は毎年、今なお大帝の名の下に授与されている。

カール大帝（在位 768-814）
神聖ローマ帝国（ドイツ）出身の画家・
アルブレヒト・デューラー（1471-1528）作。

　ベネディクト・アンダーソンの分析によれば、ナショナリズムは18世紀以降、宗教的アイデンティティが牽引力を失いつつあった時期に出現した。その意味で、欧州のナショナリズムは、それ以前に想像されていたキリスト教共同体に代わるものと考えることができる。しかし、この点で、欧州の地域主義はやや異なっている。近代に入り、新たな、より複雑な欧州という概念が生まれたが、それ以前のキリスト教と同義であった中世的欧州のアイデンティティの要素は、その概念に埋め込まれたまま残っていた[14]。特に、ハプスブルク帝国とオスマン帝国との対立を通じて、キリスト教と同義であって、イスラム教に対抗する欧州という概念は近代まで続いた。そのため、第二次世界大戦後に欧州統合事業が始まると、数世紀前にキリスト教の名において西部欧州を統一した人物にインスピレーションを求めることになる。

近代欧州とホワイトネス（白人性）

欧州はより合理的であるがゆえに、より先進的で発展した文明であるという認識に基づいた、新たな、より複雑な欧州の概念が生まれたのは近代のことである。この近代的な欧州観の中心となったのは、科学革命と啓蒙主義であり、世俗的で合理主義的なアイデンティティの概念を生み出した。中世期の欧州では、キリスト教、つまり特定の宗教的信念が自分たちを際立たせていると考えられていた。しかし近代になると、マキアヴェッリをはじめとする一部の欧州人は、自分たちを際立たせているのは世俗主義、つまり教会と国家の分離であると考えるようになった。こうして、欧州のアイデンティティは政治的な意味で理解され始めた。すなわち、市民的な欧州の地域主義の始まりとみなすことができよう。

しかし、啓蒙主義に基づく近代の欧州のアイデンティティはまた、15世紀以降の欧州人とアフリカ、アジア、南北アメリカの人々との出会いの中で形成されたものであり、それを切り離すことはできない。この文脈では、欧州という概念は宗教的というよりは人種的なものであった。特に、近代における欧州のアイデンティティの進展は、ホワイトネス（白人性）という概念の出現と同時に起きており、これと重なる部分が大きかった。デヴィッド・テオ・ゴールドバーグは次のように述べている。「近代欧州は、その欧州性を構成からみて、白人であることを想定していた」[15]（もちろん、この時代を通して、欧州には非白人もいたが、C・L・R・ジェイムズの言葉を借りれば、「欧州にいながら欧州には属していなかった」のである）[16]。

その後、大航海時代あるいは探検時代と呼ばれるようになる、数世紀にわたって続いた欧州による世界支配は、15世紀前半のポルトガルのアフリカ西海岸遠征から始まった。これは海軍技術の進歩によって可能になったもので、経済的・宗教的な理由が複雑に絡み合った動機があった。特に、１４１５年のポルトガルによるセウタの征服は、アフリカにおける欧州の植民地主義の始まりと見ることができ（この戦いの英雄であるエンリケ航海王子は、十字軍兵士でもあった）、アフリカ北部でのさらなる拡大や、喜望峰を経由したインドや中国への遠征へとつながった。１４４１年、アフリカ人奴隷を乗せた第1便がポルトガルに到着した。

１４９２年、欧州におけるイスラム教徒の支配が終わったのと同じ年に、クリストファー・コロンブスは現在のバハマ諸島に到着した。フェルナン・ブローデルが「長い16世紀」と呼んだ時代（つまり、１４９２年から１６０７年まで、北米大陸初の英国人定住植民地がバージニア州ジェームズタウンに設立されるまで）、スペインに率いられた欧州人は「新大陸」にその存在を確立した。「大航海」と「探検」は、征服と植民地化となった。しかし、この時点ではまだ、欧州人は自分たちと南北アメリカ大陸の先住民との違いを、人種的というよりも宗教的な意味合いで捉えていた。コロンブスの航海に関する初期の記述では、入植者を「キリスト教徒」と呼んでいる[17]。しかし、その後数世紀にわたって、ゴールドバーグが言うように、それまで宗教的なものが担っていた物語化、自己同一化の仕事を人種的なものが担うようになる。

欧州人のアイデンティティが宗教的なものから人種的なものへと変化したのは、南北アメリカ大陸における欧州人の植民地主義の中で、とりわけ大西洋奴隷貿易の始まりという、より広範な変化の中で起こった。17世紀には、スペインに代わって英国とフランスが南北アメリカ大陸、特に北米大陸とカリブ海地域における支配的な欧州の大国となった。このことは、欧州の植民地経済の変化とも関連していた。南北アメリカ大陸におけるスペインの植民地主義は、金の発見と獲得に重点を置いていた。一方、英国とフランスの植民地は、コーヒー、綿花、砂糖、タバコの生産に重点を置き、南北アメリカ大陸における奴隷制度の拡大につながった。

このような状況の中で、「白人性」という概念が生まれた。１６１９年に最初のアフリカ人奴隷が後のアメリカ合衆国に移送されたとき、北アメリカにはまだ「白人」は存在しなかった。入植者とその子孫は、自分たちのことを概してキリスト教徒、もしくは欧州人（これらはまだほとんど同義だった）として、あるいはより具体的にオランダ人、英国人、フランス人などと見なしていただろう。南北アメリカ大陸で「白人」が「欧州人」の同義語として登場したのは、17世紀末のことである。セオドア・アレンによれば、この概念は、１６７６年から77年にかけてバージニアで起こった「ベーコンの反乱」と呼ばれる蜂起に見られる、年季奉公で働く欧州人と奴隷にされたアフリカ人との連帯感を弱体化させる方法として登場したと論じている[18]。

「白人」という用語は、時代や場所によって使われ方が異なり、特に、その用語に含まれる人々や排除される人々はさまざまであった。とはいえ、アフリカ、アジア、南北アメリカ大陸の欧州諸国の植民地では、「白人」はアメリカ合衆国内とほぼ同様の機能を持っていた。すなわち、白人とは、欧州出身の人々を指す言葉であり、より優れている人々、つまり、より進歩的、より先進的で、より合理的である人々であり、要するに、白人が定住することになった、世界の他の地域の原住民よりも「文明的」であると自認する言葉である。そして、差別化された特権と権利の制度を正当化するためでもあった[19]。いずれの場合にも、欧州出身の人々の間にある階級や国民の相違は消し去られ、その一方で、白人と世界の残りの地域との間の違いを強調した。白人性という概念が欧州からの移民をアメリカ社会に統合する役割を果たしたように、欧州そのものを統合する役割も果たしたのである。

　欧州人とそれ以外の人々との間のこの種の違いは、フランスの「黒人法典」（Code Noir）のような法的文書に成文化された。これは、南北アメリカ大陸の自国植民地における奴隷制を規定する勅令であった。同法典では、奴隷にされた人々の子供自身も奴隷であるという原則が定められ、奴隷の処罰方法が規定された。勅令による場合を除き、奴隷に対する拷問と身体切除を禁止する一方、奴隷の解放を合法化し、また解放された奴隷に対して他のフランス臣民と同じ権利を与えた。１６８５年に初めて導入されたこの勅令は、奴隷を「ネーグル（négre）」という呼び方（南北アメリカ大陸での先鞭者であるスペイン人から、フランス人が採用した呼び方）で何度か言及したが、それ以外には人種的な表現は使っていなかった。18世紀初頭になり、奴隷制度がより人種的なものになるにつれて、この勅令は、当初は非公式に、その後正式に、黒人法典と呼ばれるようになった[20]。逆に、欧州人の入植者を指す言葉として「白人（blanc）」が使われるようにな

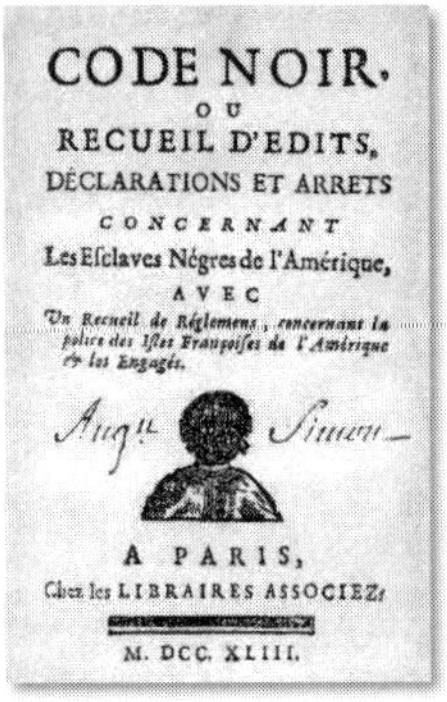

1743年版（ルイ15世時代）の
「黒人法典」（Code Noir）

り、あるいは「欧州人」は単に「黒人」の反意語として使われるようになった。「欧州」という近代的概念と「白人性」という概念の出現にまつわる絡み合った歴史により、18世紀以降は、「欧州人」と「白人」がほぼ同義になることを意味していた。特に、欧州列強が入植者、原住民、奴隷を区別し、隔離しようとする傾向が強まった植民地時代においては、この２つの用語はほとんどの場合で交換可能であった。この白人性と欧州との同一視は、第二次世界大戦後のアパルトヘイト（人種隔離政策）下の南アフリカにおいても継続した。そこでは、「欧州人以外立入禁止」または「白人以外立入禁止」という標識が掲げられ、この標識が同じことを意味することは明らかだった。現在でも、「白人」という表現は通常、欧州出身の人々に適用される。言い換えれば、欧州と白人性の結びつきは依然として残っているのである。

理論と実践における普遍主義

今日の「親欧州派」は、自分たちの考える欧州の概念が白人性と関係があるという示唆に慄然とするだろう。実際、この２つを結びつけようとする試みは不可解で言語道断だと感じる人が多いだろう。親欧州派にとってＥＵとは、一連の普遍的価値観、すなわち、普通は民主主義、人権、法の支配を象徴するものであり、これは啓蒙主義に遡るものだ。しかし、啓蒙主義は、白人性という概念が生まれた欧州植民地主義の歴史と無関係の、別個の知的伝統というわけではない。むしろ、両者は一体化していて、その植民地事業は、その同じ啓蒙主義思想に結びついていたのである。「親欧州派」は、この啓蒙主義思想こそがＥＵを第二次世界大戦前のバージョンの欧州人のアイデンティティとの違いを際立たせているものであると考えているのである。

特に、「人間の権利」（今日では「人権」と呼ばれる概念の先駆け）のような啓蒙思想は、潜在的には普遍的なものであったが、欧州独特の文脈から生まれたものであり、しかも人種差別的な方法で実践された。イマニュエル・ウォーラーステインが（依然として発展途上の普遍主義や世界的普遍主義とは対照的なものとして）「欧州的普遍主義」と呼んだものは、このように「部分的で歪んだ」ものであり、「権力の修辞学」として機能していた[21]。欧州が支持するはずの普遍的価値を単純かつ無批判に指し示すのではなく、啓蒙主義の盲点、つまり、ポール・ギルロイが「啓蒙主義の企てという普遍主義的主張の下に潜む特殊性」と呼んだものを問う必要がある[22]。

それは、欧州人は欧州独自の文明的・文化的文脈から生まれた価値観を支持しているが、その価値観は普遍的なものであるという信念であった。その思想は、欧州の「文明化の使命」（mission civilisatrice）という思想を生み出したのである。この合理主義的で人種差別的な使命は、中世の欧州を活気づけた宗教的使命の世俗化されたバージョンともいうべきものだった。どちらの場合でも、文明化のプロセスは、文明化される人々にとって良いことだと考えられていた。つまり、中世の時代には、文明化は人々に救いをもたらすからであり、近代の時代には、文明化は近代化を進め、もしくは発展させるからであった。進歩をもたらす文明化の使命という概念は、欧州人が世界の他の地域との関係を考える際の中心的な方法となり、第二次世界大戦後の欧州統合事業に活力を与え続けた。

しかし、この文明化の使命の現実は、そのレトリックとは大きく異なっていた。その好例がハイチ革命である。１７９１年にサン・ドマングで起こった奴隷反乱に始まり、１８０１年のハイチ建国宣言で頂点に達した。コロンブスがエスパノーラと名付けたその島の植民地は、１６９７年にフランスに割譲され、18世紀末までに50万人の奴隷を抱え、世界最大のコーヒーと砂糖の生産地となった[23]。フランス革命の間に、奴隷制度は廃止された。しかし、ナポレオン・ボナパルトは１８０２年に、奴隷制を復活させて、ハイチ独立運動を鎮圧しようとして失敗に終わった。ハイチ革命は、平等や人間の権利を体現しているとしばしば考えられているアメリカ革命やフランス革命よりも、平等や人間の権利といった啓蒙主義の原則に忠実であった。

　このような例、あるいは植民地主義と奴隷制の歴史全体を、啓蒙主義思想からの逸脱であると見なしたくなりがちである。しかし、啓蒙主義が植民地主義や奴隷制と手を携えていたばかりでなく、植民地化や奴隷制は啓蒙思想の名の下に実行されていたのである。植民地化と奴隷制の論拠は、アリストテレスやプラトンが「野蛮人」を奴隷化することを正当化した方法、例えば、特定の集団には理性が働かず、したがって自治に適さない「自然奴隷」である、としたことなどと似ているところがあった[24]。しかし、野蛮人はこの場合「未開人」であり、啓蒙思想における光の概念の中心性を考えれば、植民地化もまた必然的に、地球の暗い場所に光をもたらすという観点で想定されていた。

　啓蒙主義時代の政治思想において、自由と奴隷制という概念が中心的な位置を占めていたにもかかわらず、このようなことが起こったのは驚くべきことである。デイヴィッド・ブリオン・デイヴィスによれば、18世紀までに奴隷制度は「人間の精神を堕落させるあらゆる力の中心的象徴」となっていた。しかし、まさにその時、スーザン・バック＝モースが言うように、奴隷制度の経済的実践は「西洋の経済システム全体を支えるようになる」ほど拡大し、強化されていた[26]。啓蒙主義思想家の多くは、奴隷制を無視するか擁護したのである。彼らは「**奴隷制が実際にあった地域を除いて、**奴隷制に反対した」とバック＝モースは書いている[27]。例えばルソーは、ハイチをはじめとするフランスの植民地において、人間を比喩的な鎖ではなく、現実の鎖につないでおく「黒

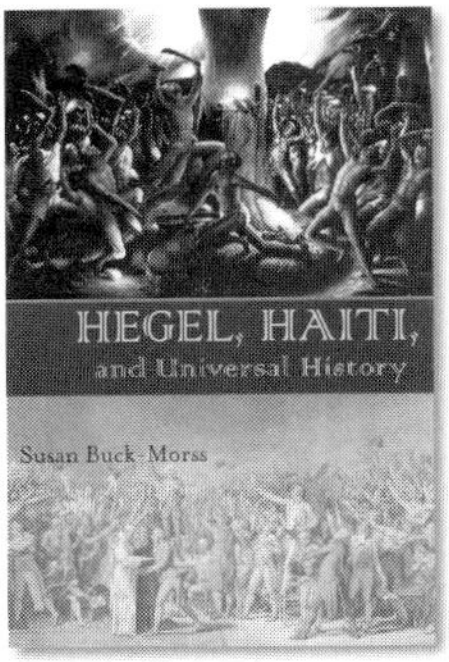

スーザン・バック＝モースの
"Hegel, Haiti, and Universal History"（2005）

人法典」について何も語らなかった。

イマヌエル・カントのような啓蒙思想の哲学者は、「コスモポリタン的な欧州」やEUの国際政治へのアプローチにインスピレーションを与える一方で、さらに人種論を推し進めた[28]。1770年代、カントがケーニヒスベルクで行った人類学に関する講義の一つである「人間のさまざまな人種について」(Von verschiedenen Racen der Menschen)の中で、カントは人間の種を4つの人種に区分した。すなわち、「白人の人種」、「黒人の人種」、「フン族(モンゴルまたはカルムイク)の人種」、「ヒンドゥーまたはヒンドゥスターニー人種」である[29]。カントは、これらの人種間の違いは気候の観点から説明できると考えていた。この考えは古代ギリシャにまで遡り、モンテスキューが議論していたもので、この人種間には階層構造があるとカントは述べている。白色人種は「主に欧州に存在」し、その理性的能力の高さゆえにその階層の最上位にいる、と書いている[30]。

この人種の階層という概念は、啓蒙主義による特殊主義と普遍主義の統合を理解するのに役立つ。カントは人類単一起源論者であり、人間には異なる種が存在するという、広く流布している考え方には異論を唱えていた。しかし、啓蒙思想家たちは人間性を理性的な能力という観点から定義し、人間を理性に向かう、さまざまな発達段階にあると見なしたため、非欧州人、つまり非白人を人間未満の存在として分類した。このように人類より下位に扱うことにより、人間の権利のような普遍的な考え方と欧州人の優位性の信念を両立させることができたのである。啓蒙主義は、「理論的には人類全体に対して有効である」とする普遍主義的な主張の一方で、「人類はむしろ限定的に定義されるべきである」と考えていた[31]。

イマヌエル・カント
(1724-1804)

このように啓蒙主義を批判するのは、啓蒙主義に何の価値もなかったとか、啓蒙主義を完全に否定すべきだということを言いたいのではない。啓蒙主義の中にも複数の主張があり、ドゥニ・ディドロのように植民地主義や奴隷制に反対する啓蒙哲学者もいた[32]。これについて、ケナン・マリクは啓蒙主義思想の穏健派と急進派を区別している[33]。問題なのは、啓蒙主義思想の問題点を認識することなく、単純に啓蒙主義思想を持ち出す傾向である。そうではなく、真に普遍的な普遍主義を発展させるための一歩として、その複雑性に取り組むことが必要である。このアプローチは、反帝国主義や黒人急進主義の伝統に基づく数多くの思想家を含め、普遍主義的な志向を否定するのではなく、それを実現しようとした何世代もの思想家に続くものである。

地政学的な欧州と汎欧州運動

19世紀後半には、カントのような啓蒙主義思想家の人種論は、「科学的」（あるいは「生物学的」）人種主義として知られるようになった[34]。欧州や米国の自然科学者は、人種の分類と区分をさらに進め、欧州人を最上位とする人種間の階層構造を確立した。しかし、重要なことは、欧州人の間にもしばしば階層構造が存在し、宗教的慣習というよりも経済力に対する認識に基づいて、新しい現代的な形の反ユダヤ主義が出現したことである。チャールズ・ダーウィンの進化論に影響され、「社会的ダーウィニズム」が出現し、それに伴って優生学や人種衛生学の概念が生まれた。科学的方法と人種差別の組み合わせによって、科学的な人種差別は啓蒙主義以降の欧州における思想の２つの流れを融合させたのである。

科学的人種差別の出現は、欧州の植民地主義の次の段階である大帝国主義の時期と重なり、それを正当化するために利用された。大航海時代が始まって以来、欧州諸国間では常に植民地をめぐる競争があった。実際、例えば、英国、フランス、およびスペインの間での欧州諸国の戦争には、カリブ海や北米などの植民地をめぐる争いが含まれることがよくあった。19世紀後半には、地球上の「未植民地」の数が減少する中で、ベルギー、イタリア、ドイツなどの欧州列強が自国の植民地獲得を目指すようになると、この競争は激化した。しかし、競争の一方で、欧州諸国が協力することもあった。例えば、1884年から1885年にかけて開催されたベルリン会議では、アフリカの植民地化（分割）に関する規範と規則が確立された。

しかし、欧州人にとっては、科学的人種主義が自分たちの優位性をこれまで以上に決定的なものとして証明しているように思えたものの、世界における自分たちの立場について、ますます不安を募らせていた。近代の大半の期間において、欧州は世界の地域の多くに拡大し、植民地化することで優位に立っていた。しかし、19世紀末以降、欧州による支配や覇権の時代が終わりを告げつつあるのではないかという不安が高まってきた。この文脈では、欧州は地政学的な観点で論じられており、ロシアや米国のような台頭する大国に脅かされる経済的・政治的ブロックとしての欧州であった。その結果、キリスト教がイスラム教に脅かされていた中世を彷彿《ほうふつ》させる、欧州に関する新たな防衛的言説が現れた。

欧州文明の衰退への不安は、第一次世界大戦後に強まった。この第一次世界大戦により、欧州はロシア（後にソビエト連邦）やアメリカ合衆国に対してさらに弱体化し、ドイツなど一部の欧州諸国は植民地を喪失した。この頃、西洋の衰退に関する出版物が相次いだ。最も有名なのはオズヴァルト・シュペングラーの1918年の著書（『西洋の没落』——訳者注）である。しかし、この不安には、欧州をアメリカ合衆国とは別の文明とみなし、アメリカ合衆国から脅かされているとさえみなす、より狭い意味での欧州特有の不安もあった。スウェーデンのルドルフ・チェーレンは、「地政学」という言葉を初めて使った政治学者であるが、１９１４年に次のように書いている。「われわれは、米国、ロシア、そして黄色人種の危機がわれわれの大陸に影を落としているのをすでに目撃することができる」[35]。

フランツ・ファノン
（1925-1961）

ルドルフ・チェーレン
（1864-1922）

このような欧州列強の喪失感を背景に、フランスの詩人ポール・ヴァレリーをはじめとする知識人の間で、「欧州の精神」について多くの激論が交わされた。「欧州の精神」は、大衆文化に脅かされている高尚な欧州文化として、しばしば理解された。欧州は、政治的危機と同様に知的危機にも直面していた。この戦争により、必然的にもたらされる進歩への幻想は打ち砕かれ、欧州文明のもろさが露呈したからである。欧州がその卓越性を回復できるかどうかは、欧州の優位性の源であった欧州精神の復活にかかっているとされた[36]。フランツ・ファノンは後に『地に呪われたる者』の中でこう書いている。「欧州が侵略を行い、その犯罪を正当化し、人類の5分の4を拘束している奴隷制を合法化したのは、その精神の名の下に、すなわち欧州精神の名の下である」[37]。

戦後の「親欧州主義」のきっかけとなった汎欧州運動は、この「破滅的状況後」の雰囲気から生まれた[38]。この運動は、ナショナリズムを戦争と欧州衰退の原因と見なしてこれに反対し、「欧州の精神」を活性化させる方法として、大陸欧州の連邦化を呼

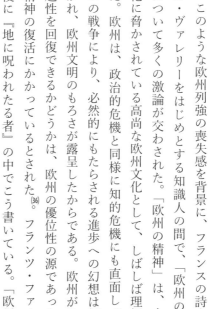

びかけていた。しかし、欧州人が団結し、ナショナリズムを克服しなければならない理由の論拠は、欧州の優越感に基づいていたのである。例えば、この運動の中心人物であったスペインの哲学者ホセ・オルテガ・イ・ガセットは、ナショナリズムを「異常な熱狂というほかない」と見なした[39]。しかし、その理由というのは、人類のために世界を支配するという「欧州人」の宿命が、ナショナリズムによって遠ざけられてしまっているというのである[40]。ウーテ・フレーフェルトが的確に述べているように、欧州は「国家間の対立を葬り去り、世界の覇権への追求を再開すべきだ」という考え方である[41]。

第一次世界大戦後にあった欧州人の団結を求める声と、欧州の植民地主義との間にこのような関係があることは、多くの非欧州人や非白人の知識人にとっては明らかだった。例えば、第一次世界大戦勃発後、W・E・B・デュボイスは、世界の「肌のより黒い人々」の視点から、ベルギーで起きた虐殺に対して欧州人が感じている恐怖と、ベルギー領コンゴで欧州人が行っている暴力に対する欧州人の明らかな無関心、それどころかそうした暴力に対する支持との間にある断絶について、痛烈なエッセイを書いている。デュボイスは、戦争を今恐ろしく感じるようになった理由は、白人が白人と戦うようになったからだけではないかと疑問を投げかけた。「多くの白人にとって、不安な気持ちになっているのは戦争ではなく、黒人と戦うべきである白人が他の白人と互いに戦っているという事実なのである[42]。」

W.E.B. デュボイス
(1868-1963)

実際、汎欧州運動の統一欧州構想の重要な要素は、アフリカの集団的開発(搾取)とその「文明化」、つまり「ユーラフリカ」として知られるようになった概念であった。汎欧州運動の推進者らは、「欧州建設」事業にはアフリカが不可欠だと考えていた。アフリカは、欧州が大英帝国、ロシア、米国と競争するために不可欠な原材料の供給源としてだけでなく、ドイツの地理学者であるフリードリヒ・ラッツェルが「生存圏（*Lebensraum*）」と呼んだように、欧州の余剰人口が定住するための土地も提供する機能があると考えていた。言い換えれば、汎欧州運動は、欧州の植民地主義を終わらせるというよりも、植民地主義から競争的要素を取り除くことを提案したのである。フランスの将軍であり植民地行政官であったユベール・リヨテが言ったように「植民地化推進国連合[43]」のような形で、もし植民地化が協力的に実行されれば、植民地化は欧州を弱体化するのではなく強化するはずだと考えたのである。

リヒャルト・フォン・クーデンホーフ＝カレルギー（1894-1972）

汎欧州運動で最も影響力があった人物は、リヒャルト・フォン・クーデンホーフ＝カレルギーであった。同氏は、オーストリア・ハンガリー帝国の伯爵と、東京で外交官として働いていたときに知り合った日本人女性の間の息子であった。クーデンホーフ＝カレルギーは１９２３年、『汎欧州』という小冊子を出版し、その後同運動の機関紙の名称となった。カレルギーはナショナリズムを「欧州文明の墓穴を掘るもの」と見ていた[44]。カレルギーは欧州諸国を別々の人種と見るのは間違っていると考え、典型的な欧州中心主義的な意味で、時にコスモポリタンと見なされることがあった。その理由としては、カレルギーが人種という概念を否定していたからではなく、欧州人を集団として単一の（そして優れた）人種と考えていたからである[45]。ユーラフリカ・プロジェクトの信奉者であったカレルギーは、「アフリカにおける欧州の使命は、この最も暗い大陸に光をもたらすことである」と書いていた[46]。

クーデンホーフ＝カレルギーは１９５０年、カール大帝賞の最初の受賞者となる。この賞は、戦前と戦後の欧州思想の連続性を示している。実際、第二次世界大戦後の「親欧州」思想の核心は、戦間期にすでに確立されていた。特に、欧州人が世界における支配的地位を回復し、少なくともこれ以上の衰退を防ぐために団結しなければならないという考え方である。第二次世界大戦後、初期の「親欧州派」は、第3章で述べるように、欧州の「植民」によるアフリカの植民地的搾取という汎欧州運動の考え方を取り上げた[47]。言い換えれば、戦後の「親欧州派」が後になってよく主張するように、欧州統合事業は当初から平和のためだけのものではなかった。それは常に、権力のためでもあったのである。

欧州の優越感

古代ギリシャから第二次世界大戦が勃発するまでの期間、欧州は不確定な空間から、キリスト教やキリスト教徒と同義である萌芽的なアイデンティティへ、そして合理主義的かつ人種差別的な、より複雑なアイデンティティへと変化し、最終的に20世紀には、生き残りのために団結する必要のある地政学的ブロックへと変貌した。しかし、欧州人というアイデンティティの内容が時代とともに変化していったとしても、残ったのは、欧州人がギリシャ人から受け継いだ文明と、野蛮の間の世界の分割にまで遡る、欧州人の優越性に対する根強い信念であった。言い換えれば、欧州人が自分たちを欧州人だと思っている限り、自分たちは世界の他の国々よりも優れていると考えてきたのである。

この優越性の本質を想像し、定義する上で常に課題となったのは、欧州大陸内で際立つ文化的・宗教的な多様性であった。そのため、著述家らは自国の文化というプリズムを通して、欧州をイメージする傾向があった。著述家は自国文化を、欧州人であることの意味を象徴するものとして理解していたのである。フランスの作家ヴィクトル・ユーゴーは、フランス文化を新しい欧州文化の模範とみなし、ドイツの哲学者ヨハン・ゴットリープ・フィヒテは欧州を一種の大ドイツとしてイメージした[48]。（欧州という概念を道具とするこの傾向は今日も続いている。ビスマルクのものとされる有名な言葉がある。「私が欧州という言葉を耳にするのは、それぞれの自国の名で要求する勇気のないものを他国に求める政治家たちの口からである」。）

しかし、ドイツのロマン派詩人フリードリッヒ・シュレーゲルのような一部の作家は、かなり早い時期から、多様性そのものが欧州特有のものだと考えていた。このこと自体が、世界の他の地域に対する優越性のもう一つの目印となった。典型的な欧州中心主義的な考え方だが、他の地域はより均質的であると想像されていたのである。しかし、それでもなお、欧州人を団結させるものがあるとすれば、それは何なのかという疑問は残されたままだった。必然的に、その団結、あるいはアイデンティティは、外部の「他者」に対抗する形で構築されていた。このため、内部の多様性と団結を両立させるため、欧州という概念は排他的であると同時に包摂的でなければならなかった。中世から第二次世界大戦勃発までの数世紀にわたり、欧州はイスラムからロシア、アメリカ合衆国まで、さまざまな外部の「他者」に対抗して自らを定義してきたのである。

このような歴史、とりわけ近代における欧州的なるものと白人性との密接な結びつきを考えれば、戦後、ＥＵを中心に生まれた欧州のアイデンティティが、どの程度、このような歴史と決別したのか、とりわけ、欧州が自らの過去を例外として、「他者」に対抗して自らを定義することを本当に止めたのかどうかが問題となる。このことを議論することさえ難しい理由の一部には、ＥＵの自己神話化にある。親欧州派は、１９４５年を一種の「シュトゥンデ・ヌル」、つまり「ゼロの時間」としてイメージし、そこから新しい欧州が生まれたと想像している[49]。しかし、本章ですでに見てきたように、実

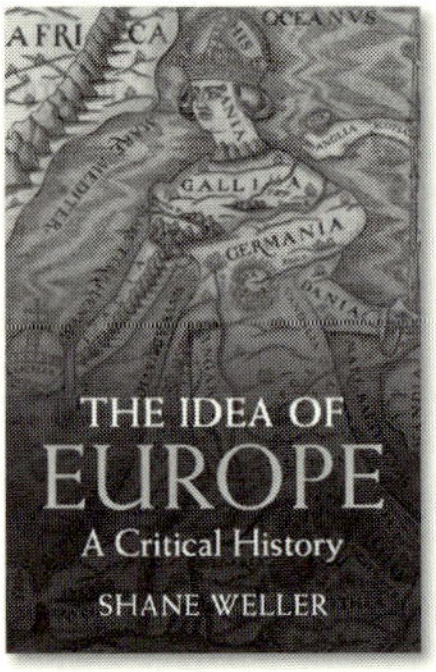

シェーン・ウェラーの “The Idea of Europe. A Critical History” (2021)

際の歴史はこの神話が示唆する以上に混然としている。欧州に関する戦後の考え方は、「親欧州派」が想像するほど、戦前の考え方と明確に決別したわけではなかった。

　欧州の優越感は第二次世界大戦後も続いている。１９４５年以降、欧州の人々は、自分たちが世界の他の国々よりも進んでいる、あるいは道徳的に優れていると想像する新たな方法を見つけることになる。第3章で述べるように、とりわけ自分たちが過去と決別し、そこから学んだと信じていた教訓こそが、戦後における欧州の新たな優越感の基盤として理解されるようになったのである。欧州のアイデンティティ形成における「他者」への対抗の歴史が、第二次世界大戦後に突然終わりを告げたわけでもない。欧州統合事業は、欧州の過去に対比させるものとしてだけでなく、本書の残りの章でも述べるように、欧州以外の「他者」とも対抗させる中で定義されたのである。

　とりわけ、戦後の「親欧州派」が、それ以前の欧州の考え方から受け継いだものとしては、常にそのように認識していたかどうかは分からないが、文明化の使命という考え方であった。中世から第二次世界大戦にかけて欧州という概念の内容が変化したように、欧州の文明化という使命の内容も戦後再び変化していった。近代における合理主義的で、人種差別的な使命から、戦後におけるより専門技術的な使命への変化であろう。しかし、「親欧州派」は、欧州起源ではあるが、普遍性を持つ欧州特有の価値観を欧州は支持すると信じ続けている。その論理は、これまでも常にそうであったように、シェーン・ウェラーが言うように、「人類の歴史は、人類の欧州化の歴史である、あるいは少なくともそうあるべきである」というものだった[50]。

第3章 植民地事業から記憶の共同体へ

From Colonial Project to Community Memory

欧州連合（ＥＵ）に関する従来の言説の核心は、第二次世界大戦後、欧州人は戦争を放棄し、戦争を不可能にしようとしたという考え方である。フランスのロベール・シューマン外相は１９５０年、フランスとドイツの戦争を「考えられないだけでなく、物質的に不可能」にするため、石炭と鉄鋼の生産を共同管理することを提案した[1]。欧州石炭鉄鋼共同体（ＥＣＳＣ）を創設したシューマン・プランは、ベックとグランデが言うように、「平和事業」としてのＥＵの始まりであり、「欧州の好戦的な歴史を和解と平和の目標に向けて方向転換させた」ものと考えられている[2]。ＥＵが２０１２年にノーベル平和賞を受賞したのは、何よりもＥＵが欧州の平和と和解の促進に貢献したからである[3]。

しかし、ティモシー・スナイダーは、このようなＥＵ誕生の言説は「歴史的事実とはほとんど似ても似つかぬもの」だと論じている[4]。スナイダーは、欧州諸国は１９４５年以降も戦争を拒否していなかったと指摘し、拒否していたと主張することは、欧州を世界と取り違えるという欧州中心主義の誤りを再び犯すことになると指摘している。欧州諸国は、欧州内での戦争を拒否する一方、欧州外で植民地戦争を「敗北するか、疲弊するまで」戦い続けたのである[5]。この断絶を示す顕著な例として、１９４５年５月８日にアルジェリアのセティフとゲルマで起きた虐殺事件がある。欧州が平和を祝った日に、アルジェリアの独立を求めるデモが残忍に弾圧された。その５年後、「ＥＵの平和事業としての始まり」とされるシューマン宣言が署名されたとき、フランスはインドシナ半島で残虐な植民地戦争を戦っていたのである[6]。

スナイダーは平和事業としてのＥＵの理想化を否定する一方で、別の方法でＥＵを理想化する。スナイダーによれば、欧州統合の本当の物語は、国民国家ではなく「帝国」国家だった西欧諸国が植民地の喪失を克服することを可能にした方法となったことにあるという。「ＥＵは帝国以後のソフトランディングだ」と書いている[7]。さらに踏み込んで、ＥＵをポスト植民地事業としてだけでなく、反植民地事業として捉える一部の「親欧州派」もいる。例えば、マーク・レナードは、ＥＵには「その遺伝子的な構成に植民地主義の拒絶がある」と主張する[8]。しかし、これも歴史的には無関係である。欧州統合は少なくとも当初、反植民地事業でもポスト植民地事業でもなく、植民地主義の事業だったからである。

ロベール・シューマン
（1886-1963）

ＥＵの植民地的起源

欧州統合プロセスを開始することになる６か国は、第二次世界大戦後も相当の植民地を持っていた。西ドイツは第一次世界大戦後に植民地を失い、イタリアは第二次世界大戦後に北アフリカと東アフリカの領土を失っていた[9]。オランダは１９４９年になってついに、オランダ領東インドの支配を維持するための残酷な戦争を放棄した[10]。しかしフランスは、インドシナ、西アフリカと中央アフリカの広大な領土、アルジェリア（その一部は３つの省として管理されていた）、カリブ海の領土（海外県として管理されていた）を引き続き支配し、モロッコとチュニジアを保護国としていた[11]。ベルギーもまた、１９０８年にレオポルド国王から獲得したコンゴを含む、西アフリカと中央アフリカに広大な領土を有していた。

フランス国内では、フランスがこれらの植民地を保持できるし、保持すべきであるというコンセンサスがあった。１９５０年代の欧州防衛共同体（ＥＤＣ）創設計画の失敗で知られるフランスの政治家ルネ・プレヴェンは、「アフリカの人々はフランス以外による自由を望んでいない」と語っていたが、フランスは保持に苦労していた[12]。このため、戦後すぐに「ユーラフリカ」構想が再燃した。ＥＵにとっての「創設の父」の多くを含む、このユーラフリカ構想の支持者たちは、欧州が共同で、特に西ドイツ資本の注入を通じて、アフリカを開発・近代化することができれば、欧州が国際政治における「第３の勢力」として、ソ連や米国に対抗しうる力を持つこともできると考えたのである[13]。

シューマンは１９５０年の宣言の中で、「資源が増えれば、欧州はアフリカ大陸の開発という重要課題の一つの実現に向けて進むことができる」と述べていた。フランス政府内には、アフリカを西ドイツとの結婚における「持参金」のようなものだと考える者さえいた。このイメージは、シューマン自身が宣言の２週間後のスピーチで使ったものだった[14]。しかし、フランスは自国の植民地（あるいはアルジェリアや海外県）を、後にＥＣＳＣと結実した機構に加えようとはしなかった。それらの植民地に関するフランスの主権を損なうことを懸念したからである。実際、交渉中、フランスに植民地を含めるよう求めていたのは他の欧州諸国であり、特にイタリアとオランダは、北アフリカと西アフリカのフランス植民地にある鉄鉱石鉱床へのアクセスを欲していた[15]。

自国の植民地に対する不安が強まる中、フランスの立場は１９５０年代に変化した。特にインドシナを失い、１９５４年にアルジェリア独立戦争が勃発した後に変化した。この文脈でメーガン・ブラウンは「フランス当局は欧州統合を帝国としての地位を維持するための手段と考えるようになった」と書いている[16]。とりわけアルジェリアのケースがそうだった。アルジェリアを欧州統合の範囲に組み入れることは、フランスに対する国際世論の支持獲得に成功したアルジェリア民族解放戦線（ＦＬＮ）に対する「反撃」として、フランス領アルジェリアを正統化し、アルジェリアを発展させるための資源へのアクセスを得るための手段であり、独立要求を阻止するためでもあった[17]。

このように、フランスはアルジェリアやその他の植民地をＥＣＳＣに含めることは求めてなかったものの、欧州統合の次の大きなステップである欧州経済共同体（ＥＥＣ）（および欧州原子力共同体、ＥＵＲＡＴＯＭ《ユーラトム》）を創設するローマ条約には含めることを主張した。その原動力となったのは、ベルギーのポール＝アンリ・スパーク外相であり、同外相もまた「ユーラフリカの夢」の信奉者だった[18]。同外相が議長を務めた委員会が共通市場の創設を勧告した後、協議が開始されたのは１９５６年５月だった。その数か月後、まだ協議が続いている最中に、スエズ危機が「欧州主義の新たなうねりを引き起こし」、共通市場を創設して、アフリカの植民地領有地を共通市場に含めるという新たな圧力を生み出したのである[19]。特に、この危機はアルジェリアの石油の重要性を一気に高めた[20]。

西ドイツは総じて、フランスの新たな立場を経済的好機であるとして歓迎した。サハラ砂漠に新たなルール地方が誕生するという夢物語であったし、１９１８年以来ドイツが排除されていた植民地獲得競争に再び参加する道だと考える者もいた[21]。イタリアはアルジェリア産農産物との競合を恐れ、オランダはフランスの植民地問題に巻き込まれることを懸念した[22]。しかし１９５７年２月、最終的にベルギー、オランダ、イタリア、フランスの植民地を「関連領土」として条約に含めることで合意に達し、アルジェリアの名前も条約に明記された。その１か月後に同条約がローマで調印されたとき、オランダの外相ジョセフ・ルンスは、この条約によって欧州が「壮大かつ世界的な文明化の使命」を継続できるようになることを期待し、そう信じていると述べた[23]。

ベルギーとフランスの植民地領有をローマ条約に含めることが合意された結果、ローマ条約がカバーする領土の大半は欧州内にではなくアフリカにあることになった。これらの欧州外領土は理論上、共同市場の一部となったとはいえ、アルジェリアにある海外県を含むベルギーとフランスの植民地からの労働力の移動には制限があった。つまり、移動の自由の原則は適用されなかったのである。こうしてベルギーとフランス、そしてＥＥＣは、両者の利点を併せ持つことができた。条約調印後、とりわけフランスとイタリアの間で、条約履行に関する難しい交渉が行われた。例えば、フランスがＥＥＣの開発資金をアルジェリアに向けようとしたのに対し、イタリアは自国の南部地方に振り向けようとした。

欧州統合が、欧州の植民地主義の終わりに続くのではなく、むしろその終わりとは切り離されたその在り様は、欧州統合が反植民地主義事業どころか、ポスト植民地主義事業ですらなかったことを示している。実際、欧州統合の意義には、フランスとベルギーが自力で植民地支配を維持できない時期に、植民地支配を強化するための手段であったことが含まれていた。多くの反帝国主義者は、これを新植民地主義事業とみなした。クワメ・ンクルマは、ローマ条約を１８８４～85年のベルリン会議と比較し、

クワメ・ンクルマ
(1909-1972)

欧州植民地主義の歴史における協調の瞬間であり、ローマ条約は「われわれが清算しようと努力している旧弊よりも強力で危険な集団的植民地主義の新体制」を生み出したと述べた[24]。

しかし、EUの植民地的起源は、その原罪と呼ぶべきものであり、欧州統合のナラティブから除外されてきた。英国の歴史家アラン・ミルワードは1992年、欧州統合の初期についての影響力を持つようになった修正主義的な研究を発表した。その研究は、一般に流布している理想主義的な言説に異議を唱え、第二次世界大戦後の欧州統合は、国民国家を克服することよりも、国民国家を強化することを目的としていたと主張した[25]。しかし、後期植民地主義と初期欧州統合の絡み合いは、このミルワードによる特質の評価さえも見直す必要がある。欧州統合の第一歩は、「欧州による国民国家の救済」というよりも、ブラウンが示唆したように、欧州による帝国国家の救済であったのである[26]。

欧州文明と冷戦

ローマ条約調印から5年以内に、アフリカのほぼ全域が独立した。ベルギー領コンゴは1960年に独立したが、ベルギーは内政干渉を続け、1年後には民主的に選出された初の首相パトリス・ルムンバの退陣に関与した。1962年、アルジェリアは8年に及ぶ残酷なアルジェリア戦争の末に独立し、この戦争によりフランス第四共和制が崩壊し、シャルル・ド・ゴールが政権に復帰した。しかし、ベルギーとフランスは、しぶしぶ最後の植民地を手放した後には、自国の帝国時代の歴史に対する忘却政策がとられた。その行為は、オランダがオランダ領東インド諸島を失った後に、トニー・ジャットが言う「国家の記憶の奥」の中に、そのトラウマを葬り去ったのと同様であった[27]。

（ＥＥＣを創設した）６か国による欧州は、９世紀のカロリング帝国の規模と形に近い、とよく言われる[28]。しかし、ＥＥＣは当初、「バルト海からコンゴまで広がる領土空間」であった。カール大帝による欧州に似てきたのは、ベルギーとフランスがアフリカに残された植民地を失った瞬間に、対象領域が実質的に劇的に縮小してからのことである[29]。ＥＥＣのこの縮小が、その後に続く数十年間に「親欧州派」の思考に与えた影響については、ほとんど書かれていない。しかし、歴史家たちは、この時期に西欧の人々がかつての植民地を忘却し、相互の貿易が増加するという内向き志向が始まったと指摘している。ジャットは、帝国崩壊後の１９６０年代に出現した「『欧州』の明らかに偏狭なビジョン」について書き記している[30]。

ポール・ベッツが示したように、（欧州）文明という言葉は１９４５年以降消滅したどころか、「戦後の物質的・道徳的復興に肯定的な意味を与える強力な象徴として再登場した」のである[31]。第一次世界大戦以上に、第二次世界大戦は欧州文明のもろさを示していた。欧州文明に対する考え方に異議を唱える者もいた。とりわけ、ファシズムのルーツは植民地主義にあると主張したハンナ・アーレント、文明と野蛮がいかに不可分だったかを示したテオドール・アドルノとマックス・ホルクハイマーである。しかし、ナチズムは概ね、欧州文明の一部というよりも、むしろその逸脱、あるいは「ささいな過ち」と見なされていた[32]。このように、「親欧州派」の多くは、自分たちが優れた文明を代表していると信じ続けたのである。

ポール・ベッツの “Ruin and Renewal. Civilising Europe after World War II”（2020）

しかし、この時期における想像上、あるいは実際の欧州の復興は言うまでもなく、冷戦という圧倒的現実、なかでもソ連が西欧にもたらす脅威と、西欧の米国への経済依存によって形成された。第一次世界大戦後、欧州はすでに経済的に米国に依存していた。統合を主張した人々の多くは当時、統合は欧州がソ連と米国の双方に対抗するための手段だと考えていた。しかし、第二次世界大戦後、欧州は東西に分断され、ソ連からの西欧に対する脅威はより大きくなり、欧州は第一次世界大戦後には経験したことがないほどに、安全保障を米国に依存するようになったのである。

冷戦は一般に、イデオロギー闘争として捉えられており、それは適切な捉え方だ。しかし、冷戦はまた「危機に瀕したキリスト教文明」、あるいは時には「ユダヤ教・キリスト教文明」と認識されるものを防衛するという共通の必要性という観点から、捉えられることもあった[33]。チャーチルは１９４６年、米ミズーリ州フルトンにおける有名な演説で、「キリスト教文明」に対する共産主義の脅威について言及した。１９４９年に調印された北大西洋条約の前文にも、加盟国が「自国民の文明」を守ることが明記されている。米国では、マイケル・キンメイジが示したように、諸大学での西洋文明の講座が大西洋主義的外交政策の基礎となっており、この政策はまた宗教的文脈でも捉えられることが多かった[34]。このように、西欧の冷戦概念では、文明的なものとイデオロギー的なものは融合されていたのである。

この冷戦という状況の中で、キリスト教も再び、欧州の理念のより中心的存在となった。特に、啓蒙主義の世俗主義が欧州の破局を招いたと非難したジャック・マリタンのような保守的なカトリック思想家がキリスト教民主党員に与えた影響を通じて、キリスト教欧州という新たな意識が欧州統合の第一段階に影響を与えた[35]。ロザリオ・フォレンツァは、キリスト教民主主義者の欧州思想が、１９２０年代ドイツのカトリックの「西洋《アーベントラント》」(*Abendland*) という考え方を、どのように取り入れ

アルチーデ・デ・ガスペリ（1881-1954）

たかを明らかにしている。それは翻って、中世、宗教改革以前のキリスト教的欧州のロマン主義的な考え方に基づくものであり、キリスト教民主主義者が「第二次世界大戦後の統合プロセスに翻訳した」「哲学的思想」であった[36]。

コンラート・アデナウアー、アルチーデ・デ・ガスペリ、ロベール・シューマンといったカトリック系中道右派の「親欧州派の政治指導者」たちにとって、「キリスト教が欧州のアイデンティティの中核をなすものであり、政治家によって構築されつつある巨大な官僚組織の中心にある精神であることは明らかであった」とオリヴィエ・ロワは書いている[37]。ベッツが言うように、そうした政治指導者は、西欧ブロックの形成が一部には「ソ連の無神論に対するキリスト教の防波堤」としての意味もあると見なしていた[38]。こうして、政治指導者はＥＥＣを、東方から脅かされているキリスト教文明を象徴するものとして想像したのである。実際、ソ連はよく「アジア的」であるとイメージされ、ロシア人に関する記述やイメージには、中世以来の野蛮な侵略者という表現が用いられていた。こうした描写やイメージは、フォレンツァが言うように「赤色と黄色の脅威を合成するのに役立った」のである[39]。

キリスト教文明的事業としての欧州統合という考え方は、その初期段階におけるカール大帝の重要性を説明するものでもある。ベルギーとフランスのアフリカにおける植民地が失われた後、ＥＥＣの領土がカロリング朝帝国と一致したというだけでなく、欧州統合事業が文化的・政治的な意味でその延長線上にあると想定されていたのである。リヒャルト・クーデンホーフ＝カレルギーは１９５０年、

ハンス＝ペーター・シュヴァルツの
“Konrad Adenauer. Volume II: The Statesman, 1952–1967”
（1995）

カール大帝賞の受賞後のスピーチでは、ＥＣＳＣを「カール大帝の帝国再興」の始まりとして表現した(40)。ジャン・モネによれば、シャルル・ド・ゴールもまた、「カール大帝の業績に現代の経済的・社会的・戦略的・文化的な形を与える」という観点から欧州統合を想像していたという(41)。

１９４９年から１９６３年まで西ドイツの首相を務めたアデナウアーは、おそらく誰よりも当時の「親欧州」の文明思想を体現していた。アデナウアーはアフリカにおけるドイツの植民地の喪失を残念に思っており、ユーラフリカ計画を支持していた。ハンス＝ペーター・シュヴァルツによれば、アデナウアーは依然として「19世紀末期の植民地主義者」であり、脱植民地化の時代にあっても「欧州文明の優位性を確信していた」(42)。しかし、アデナウアーはまた、マルクス主義と唯物論を「キリスト教文明」あるいは「キリスト教的欧州」に対する脅威とみなしていた。つまり、イデオロギーと文明とを重ね合わせてみていた典型例である(43)。（反対に、ＥＣＳＣに反対していたドイツ社会民主党党首のクルト・シューマッハーは、ＥＣＳＣを資本主義的で保守的としてだけでなく、「聖職者の」欧州を作り出そうとする試みの一環と見なしていた(44)。）

　しかし、冷戦という状況下で西欧が安全保障を米国に依存し続ける一方、「親欧州派」の中には、特にスエズ危機以降、第二次世界大戦前の欧州統合という考え方、つまり、米国の力に対抗する手段としての欧州統合という考え方に引き戻される者もいた。アデナウアーは一般に大西洋同盟の支持者と考えられている。しかし、アデナウアーは、（スエズ戦争における）英仏侵攻の強力な支持者でも

ギー・モレ（1905-1975）

あり、危機の最中にはフランスのギー・モレ首相に対し、（英仏両国の侵攻を支持しない）米国の裏切りに対抗して欧州統合を推進するよう促した。アデナウアーは「欧州があなたの復讐になる」と言ったとされている(45)。米国への復讐としての欧州統合という考え方はその後も、欧州統合事業に影響を与え続け、将来のさまざまな局面でも再び登場することになる。要するに、欧州にはまだ「他者」が存在していたのである。

新しい市民的地域主義

冷戦と脱植民地化という状況下で、「親欧州派」は引き続き文明的な観点で考えていたが、少なくともエリートの間では、後にＥＵとなったものを中心とする、新しい欧州のアイデンティティが生まれ始めた。それは、民族的・文化的アイデンティティというよりも、市民的なものだった。この新しい地域主義は、全体主義的なソ連に対抗する資本主義と民主主義、言い換えれば経済的・政治的自由の観点から広範に定義された。しかし、より具体的には、戦後の西欧で生まれた２つの特徴的な「モデル」を中心にまとまっていた。すなわち、「社会的市場経済」と福祉国家の概念に基づく社会経済モデル、そしてＥＵの「脱政治化」されたガバナンス様式に基づく政治モデルの２つだった。これは次第に、多くの「親欧州派」が想像していた「欧州」の象徴となっていった。

社会的市場経済とは、もともとはドイツのキリスト教民主同盟の考え方である。この言葉は１９４６年、後にアデナウアー政権のルートヴィヒ・エアハルト経済相の下で事務次官を務めたアルフレート・ミュラー＝アルマックが、オルド自由主義とカトリック社会思想の両立を考慮して考え出したものだった[46]。社会的市場経済は西ドイツの「経済の奇跡」（*Wirtschaftswunder*）をもたらしたと広く見なされるようになった。しかし、社会的市場主義とは本来、中道右派の考え方であったにもかかわらず、欧州の中道左派政党も次第にその「市場」的要素を取り入れ、この用語をより緩やかに使用するようになった。その結果、社会的市場経済という概念は、経済政策に関する欧州の幅広いコンセンサスを端的な表現として使われるようになった。この概念は２００９年、正式にリスボン条約に盛り込まれることになる[47]。

福祉国家は、戦後の資本と労働の間の和解から生まれた社会的市場経済の重要な要素であった。欧州諸国は既に、第二次世界大戦以前から福祉制度の整備を始めており、ドイツの場合はビスマルクにまでさかのぼる。しかし、われわれが現在、福祉国家と認識している、真に包括的な制度を作り上げたのは戦後になってからである[48]。現実には、イエスタ・エスピン＝アンデルセンが示したように、欧州では「福祉資本主義」の３つの異なるモデルが共存していた。すなわち、「自由主義」モデル（英国）、「保守・コーポラティズム」モデル（ドイツやイタリア）、そして「社会民主主義」モデル（スウェーデン）である[49]。しかし、こうした違いにもかかわらず、福祉国家という一般的な概念は、欧州独特の新制度であり、「欧州社会モデル」として見なされるようになった。

社会的市場経済と福祉国家は、欧州各国が並行して発展させてきたものであり、EECとはほとんど関係がなかったが、後にEECはこれを取り込むようになっていった。一方、EUの政治モデルは、欧州統合の機能そのものであった。幾分言葉を濁しながら「独特な」ものであると説明されることが多いが、欧州統合はECSCとともに始まった。ECSCは石炭と鉄鋼の生産を非政治化し、意思決定を行う独立した機関を設立した。設立理由の一つは経済効率であり、もう一つはフランスとドイツの戦争を防ぐためであった。将来の統合は、統合の形態と、特にフランスとドイツの間で進む和解プロセスの一環として、統合を正当化する論理の双方で、ＥＣＳＣのモデルに倣うことになった。

しかし、民主主義の観点からは、この非政治的なガバナンス形態は非常に問題があった。欧州統合が実質的に行ったのは、政策（特に１９５４年のＥＤＣ〔欧州防衛共同体〕失敗以降の経済政策）を民主的な議論の場から排除し、政策を決定する規則を作り上げることであり、政策はその後、法廷でのみ争うことができるものとなった。ヤン＝ヴェルナー・ミュラーが指摘したように、このガバナンス形態は、民主主義の制約された形のものであった。第二次世界大戦後の西欧の国民国家、とりわけ西ドイツで明らかになった国民主権に対する根深い不信に加え、保守的なカトリック思想家の影響を再び受けていたのである(50)。この新しい欧州のガバナンス形態はその後の欧州統合事業にも大きな問題を引き起こすことになる。

欧州の「モデル」という考え方は、帝国の終焉後も文明化の使命という考え方が完全に消えたわけではないことを示唆しており、特にＥＥＣの開発へのアプローチに影響を与えることになる。とりわけ、フランスの「親欧州派」もまた、米国に対して定義された欧州という考え方の一環として、欧州の社会経済的・政治的モデルを持ち出していた。特に「親欧州派」は、社会的市場経済と福祉国家を、より冷酷な米国型資本主義よりも、心優しい代案とみなし、ＥＥＣのガバナンス様式を、米国の外交政策に比べてより協調的で国際主義的なアプローチだとみていた。このように、政治的・社会経済的モデルを中心とする新しい欧州のアイデンティティでさえも「他者化」の要素を含んでいたのである。とはいえ、それは市民的地域主義であり、おそらく欧州人が純粋に市民的地域主義に最も近づいたものであったろう。

この新しい市民的地域主義の登場は、西欧諸国が労働市場の空白を埋めるために移民を採用し、ＥＥＣの人口の民族的・宗教的構成が変化していったため、とりわけ重要だった。こうした移民の多くは当初、南欧からやってきた。例えば、西ドイツでは、最初の外国人労働者（*Gastarbeiter*）はイタリア出身者であった。しかし、１９６０年代初頭以降、西欧諸国は、植民地や旧植民地、場合によってはモロッコやトルコのような他の国々など、欧州外からも労働力を求めるようになった。その結果、ＥＥＣにおける非白人およびイスラム教徒の人口は劇的に増加した。そのため、欧州社会は徐々に多文化かつ多民族化が進んだのである。

問題は、その市民的地域主義が決して十分ではなかったことだ。欧州の社会経済的・政治的モデルが機能しているように見えた、いわゆる「栄光の30年間」（*Les Trente Glorieuses*）の時期でさえ、こうした欧州モデルはＥＥＣの正当性を実現するには十分ではなかった[51]。第二次世界大戦が過去の歴史となり、フランスと西ドイツの間で再び軍事衝突が起こる可能性が低くなるにつれ、平和事業としての欧州統合というナラティブも、さらなる統合を正当化する根拠としては説得力を失っていった。このため、「親欧州派」は常にＥＥＣよりも「欧州」について語り、正当性とパトス（情念）を求めて、初期の欧州概念に言及した。こうして、欧州で生まれた市民的地域主義は、民族的・文化的地域主義の歴史から引き出された要素、特に欧州文明をめぐる思想と共存することになった。

新しい市民的地域主義の普遍主義の限界を示す一例として、ＥＥＣの北アフリカ諸国との関係があった。アルジェリア独立から14年後の１９７６年、ＥＥＣとアルジェリアはようやく、新たな協定に関する協議を行ったが、その際にアルジェリアを他の「第三国」と同様に扱い、ＥＥＣの一部であった事実には一切触れなかった[52]。メーガン・ブラウンは、地中海が欧州の南の境界として決まったのはこの時点だったとみている[53]。このことは、モロッコが１９８７年に、（ＥＣＳＣとＥＥＣ、欧州原子力《ユーラトム》共同体が１９６７年に一体化した）欧州共同体（ＥＣ）への加盟を申請したときに確認されたように思われる。モロッコの加盟申請は「欧州の国」ではないという単純な理由で却下されたからである。他方で、欧州諸国が欧州域外の領土を持ち、それをＥＣの一部とすることは可能だったのである[54]。

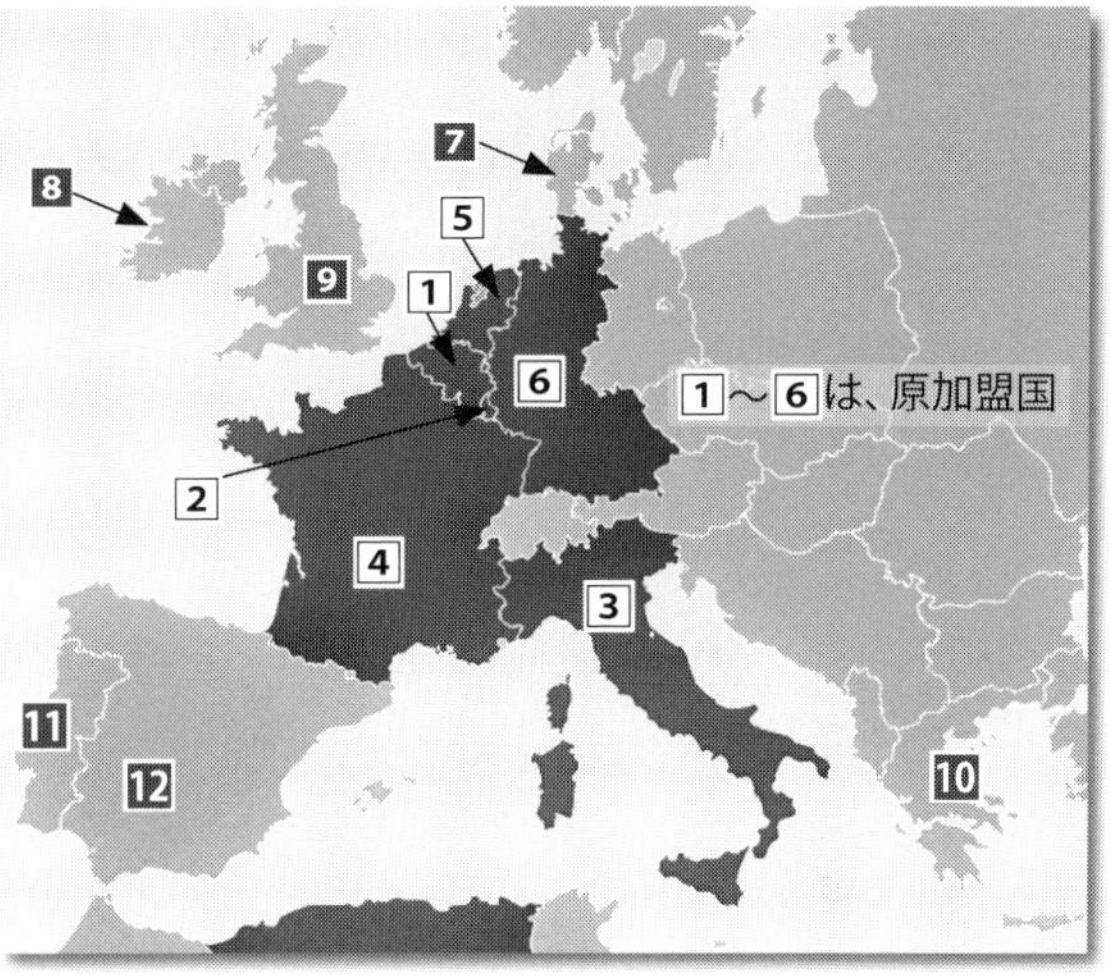

【1957年 EC（欧州共同体）発足時の原加盟国とその後の拡大】

1 ベルギー（1957年3月加盟）
2 ルクセンブルク（1957年3月加盟）
3 イタリア（1957年3月加盟）
4 フランス（1957年3月加盟。なお地中海対岸、アフリカ北部のアルジェリアは当時はフランス領。1962年7月独立。）
5 オランダ（1957年3月加盟）
6 西ドイツ（1957年3月加盟。その後、1990年に東ドイツと統一。なお上記地図は、統一前の西ドイツの領域）

7 デンマーク（1973年1月加盟）
8 アイルランド（1973年1月加盟）
9 英国（1973年1月加盟。後身のEUから、2001年に離脱）
10 ギリシャ（1981年1月加盟）
11 ポルトガル（1986年1月加盟）
12 スペイン（1986年1月加盟）

※第4章、p80の地図も参照のこと（編集部）

欧州の意味

モロッコがEC加盟を申請した時点までに、ECはすでに当初の6か国に加えてさらに6か国を含むまでに拡大し、ECが体現する欧州の意味はさらに複雑になっていた。デンマークとアイルランド、英国は1973年にECに加盟し、1981年にギリシャ、1986年にスペインとポルトガルが加盟した。これらの国々がECに加盟した理由はそれぞれ異なり、ECに異なるものを見いだし、欧州について異なる視点や考え方を持ち込んだ。英国にとっては、EC加盟は実利的な選択だった[55]。他方、ギリシャ、スペイン、ポルトガルが加盟を選択したのは、独裁政権後の民主主義への移行の一環であり、「政治的自由主義の約束の地を示すもの」だった(56)。しかし、デンマーク、スペイン、ポルトガル、英国もかつての帝国主義国家であり、ＥＣにそれぞれの植民地時代の遺産を持ち込んだのである。

　植民地事業の一環であった原加盟国６か国とは異なり、英国にとって欧州は帝国に代替するものだった。１９５０年代の欧州統合に向けた最初の一歩を踏み出したときから、トニー・ジャットによれば、英国は「非欧州世界との文化的・政治的・経済的つながりに安心しきっていた」(57)。しかし、１９６０年代以降、コモンウェルスとの貿易が貿易全体に占める割合が減少し、欧州諸国との貿易が増加するにつれて、英国はより欧州統合を受け入れるようになった(58)。ＥＥＣ加盟に反対した英国の多くの人々は、ＥＥＣ加盟をコモンウェルスに対する裏切り行為と見なした。１９７５年の国民投票の運動期間中にオックスフォード・ユニオン（主にオックスフォード大学の学生を中心とする、英国で最も古い弁論団体――訳者注）で行われたテレビ討論会で、労働党の政治家バーバラ・キャッスルはこう問いかけた。「今後、この国はインド人よりもフランス人、オーストラリア人よりもドイツ人、マレーシア人よりもイタリア人を優先させなければならないというのは、どのような国際主義なのでしょうか」(59)。

エイモン・デ・ヴァレラ
（1882-1975）

　アイルランドは英国の旧植民地というユニークな立場にあった。とは言え、アイルランドは欧州統合事業に対する英国に当初あった懐疑的な姿勢、とりわけ欧州統合が主権の容認できない喪失につながりかねないという懸念を共有していた。例えば、アイルランドの独立運動指導者で、初代首相を務めたエイモン・デ・ヴァレラは、政治的な統合が「私たちが営む生活の経済的状況を決定する欧州議会を持つことを意味する」と警告した[60]。しかし、アイルランドは英国経済との結びつきを考えれば、英国とともに加盟するしかなかった。世界各地にあった小さな植民地を失いながら、グリーンランドを有していたデンマークも、西ドイツへの輸出増加によって加盟の経済的根拠が強まったため、英国に続いてＥＣに加盟した。加盟の理由も同様に実利的なものだった[61]。

１８９８年の米西戦争でキューバ、プエルトリコ、フィリピンを失った後、スペイン帝国は北アフリカのわずかな領土に縮小された。１９５６年にモロッコが独立すると、スペインは同国北部と南部のそれぞれの小さな領土からなる保護領を放棄した。しかし、１９７５年にフランコ総統の死去によって同政権が終焉を迎えるまで、スペインは西サハラとなった領域を保持し続けた。こうして、ファシズムと帝国の時代は同時に終焉《しゅうえん》を迎えたのである。しかし、スペインはモロッコ沿岸のセウタ（ペオ・ハンセンによれば、「欧州帝国主義が誕生したまさにその場所」）とメリリャという小さな飛び地は放棄せず、保持し続けた[62]。１９８６年にスペインがＥＣに加盟したことにより、ＥＣは再びアフリカの領土を手にしたのである。しかし、その1年後の１９８７年、モロッコはＥＣへの加盟を申請したが、同国が欧州ではなくアフリカにあるという理由で却下されることになる。

ポルトガルは欧州最古の植民地大国であり、大西洋奴隷貿易の発展とアフリカにおける植民地主義において主導的な役割を果たした。同国はまた、重要な植民地を他の欧州列強よりも長く保持した。１９６１年に（ポルトガル領インドの）ゴア州をインドに奪われるという屈辱的な敗北を喫した後も、１９７４年までアンゴラ、ギニアビサウ、モザンビークで植民地戦争と呼ばれる戦いを続けていた。英国の場合と同様に、ＥＣに加盟する前に帝国の歴史はファシズムの終焉と結びついていた。欧州最長の独裁体制だった「エスタド・ノヴォ（新国家）」をほとんど無血で打倒することに成功した軍事クーデター「カーネーション革命」は、１９７４年の植民地戦争の終結とともに起こった。このように、ポルトガルにとって、ECに象徴される欧州はポスト・ファシズムであり、ポスト帝国主義だったのである。

ギリシャでは、冷戦初期に起きたギリシャ内戦で中心的役割を果たした共産主義者らを鎮圧後、中道と中道右派の政党が政権を担当し、1952年にNATOに加盟した。しかし1967年には、共産主義の脅威からギリシャを守るという名目で、軍部がクーデターにより権力を掌握した。1974年にトルコが北キプロスに侵攻したことを契機としてギリシャの軍事政権が崩壊して民政への移管が実現、ギリシャでは「体制転換」(*metapolitefsi*)と呼ばれる民主主義への回帰が始まった。中道右派の新民主主義党(ND)が率いる新政権は、軍事政権の崩壊から1年も経たないうちにEC加盟を申請した。こうして、ギリシャの場合も、1981年のEC加盟はポスト権威主義と密接に結びついていたが、トルコと継続中の紛争がECに持ち込まれることも意味したのである。

3か国すべてにおいて、民主化への移行と加盟交渉は並行して行われ、相互に補強し合うものと見なされた。こうして、ECは「欧州の価値」、とりわけ民主主義を体現するものであり、ギリシャ、ポルトガル、スペインの権威主義政権の価値観に対するアンチテーゼであるとみなされるようになった。これらの権威主義体制は、国民国家の特殊な病理から生まれたものと見なされた。したがってECは、加盟が経済的な機会や必要性として受け止められた英国の場合とは違い、国家を国家自体から救出する方法としても認識されたのである。加盟をめぐる議論の中で、スペインの「親欧州派」は、オルテガ・イ・ガセットが1910年に言った「スペインは問題であり、欧州は解決策である」という言葉を好んで引用した。

このようにECを考えると、ギリシャ、スペイン、ポルトガルには、原加盟国の6か国、なかでもナチスの過去と折り合いをつけるという困難なプロセスの一環として欧州統合が理解されていたドイツとは数多くの共通点があった。とりわけ、ドイツの「記憶文化」(*Erinnerungskultur*)の影響を受けて、欧州統合はポスト・ファシスト事業であると同時に「平和事業」でもあるという思想によって、「親欧州派」は今や、欧州の唯一の「他者」は自らの過去であると信じるようになった。このことは、欧州の市民的な地域主義をさらに発展させる方向を後押しする一方で、欧州統合事業のナラティブに、欧州におけるファシストの過去が中心性を増すことは、その欧州中心主義、とりわけ欧州の歴史を「閉ざされたシステム」とみなす傾向を強めることになっていく。

欧州史の内的・外的教訓

1960年代以降、ホロコーストは欧州における中心的な集合的記憶となり、次第に欧州統合事業のナラティブに組み込まれていった。これは主に、1960年代に始まったドイツ連邦共和国（西ドイツ）によるナチスの過去に対する取り組みと、ホロコーストに対する固有の責任が原動力になった。いわゆる「歴史家論争」(*Historikerstreit*) が象徴するように、論争は続いたものの[63]、1980年代半ばまでに、ホロコーストの記憶は西ドイツの公的文化の一部を形成するに至った。特に、ドイツのホロコーストの記憶は、アウシュヴィッツを「文明の断絶」(*Zivilisationsbruch*)、すなわち、それまでの欧州文明や人類文明との根本的な断絶を象徴する唯一無二の邪悪な出来事であるとみなすテオドール・アドルノの著作の影響も大きな影響を与えた[64]。

ヴルフ・カンシュタイナーが言うように、西ドイツの記憶文化は1990年代以降「欧州化」され、「記憶という課題をドイツの義務から欧州の義務へと」変えた[65]。例えば、記念碑、博物館、教育、研究に対する欧州レベルの資金援助により、ホロコーストの記憶を制度化するための措置がとられた[66]。ホロコーストの集合的記憶は、「平和事業」としての欧州統合の理念にうまく合致し、同時にそれを拡大するものでもあった。こうして、ヤン＝ヴェルナー・ミュラーは、ＥＵが「全体主義的戦争、紛争、そして全欧州にわたる大量虐殺の経験から学んだ教訓を基盤とする制度機構とみなされるようになった」と記している(67)。第二次世界大戦というこのような幅広い文脈において、ホロコーストは模範的な欧州の記憶、「欧州共通の創設神話」、あるいは「欧州のアイデンティティの核心」とさえみなされるようになったのである(68)。

ホロコーストは、欧州のアイデンティティとＥＵによる公式のナラティブには不可欠なものとなっていた。すなわち、トニー・ジャットは「ホロコーストを認めることが、現代欧州への入場券だ」と記している(69)。ドイツの詩人ハインリッヒ・ハイネは１８２５年、ユダヤ人にとって洗礼は「欧州への入場券」であると書いた。しかし、ジャットによれば、21世紀初頭における「適切な欧州の基準」は洗礼ではなく、絶滅であった。したがって、欧州人になるためには、改宗するのではなく、ホロコーストの重要性を欧州の内部紛争の物語の一部として受け入れる必要があった。「欧州人のある集団が、ここ欧州の地で、欧州人の別の集団に属するあらゆる人々を絶滅させようとしたこと」が、否定的な標準の中心に据えられたのである(70)。

この意味で、欧州は「記憶の共同体」となる道を歩んでいた。しかし、集合的記憶とは常に選択的な記憶である。ホロコーストがＥＵ域内で追悼される一方、欧州の植民地主義は忘れ去られたままとなった(71)。アヴィシャイ・マルガリートが言うところのこの「サリエンス効果（顕著性効果）」は、ドイツ自身の場合には特に顕著だった(72)。ホロコーストがドイツのアイデンティティの中心となっていたにもかかわらず、欧州以外の地域でのドイツの植民地支配の歴史については、ほとんど議論されることはなかった。１９０４年から１９０８年にかけて、ドイツ領南西アフリカ（現ナミビア）ではヘレロ族とナマクア族に対して、20世紀最初の大量虐殺が行われた。ホロコーストに焦点を当て、その独特な性格を強調することにより、ハンナ・アーレントやエメ・セゼール、Ｗ・Ｅ・Ｂ・デュボイスらが指摘していた植民地主義や奴隷制とのつながりは曖昧にされてしまったのである。「親欧州派」の一部は、ＥＵは本質的に反人種主義的な事業であると主張するが、植民地主義の記憶を欧州の中心的基盤となる記憶とする試みは一度もなく、ホロコーストのような影響をＥＵに及ぼすこともなかった。むしろ、ホロコーストがＥＵのナラティブにおいて中心的役割を果たすようになったことを持って、ＥＵは人種差別をより幅広く否定するようになったと考えられるようになった。欧州における人種差別の否定はほぼ自明のことと考えられていたため、欧州では非白人に対する人種差別について議論する必要さえなかった。あるいは、例えば、不利な状況や差別の程度を明らかにする民族的データを収集する必要もないとされた。デヴィッド・セオ・ゴールドバーグの言葉を借りれば、「人種差別が存在しないのは、人種はアウシュヴィッツの瓦礫の中に埋もれてしまったのだからである」[75]。

ＥＵの記憶文化の好例は、ロマーノ・プローディ欧州委員会委員長が２００４年に欧州史における「暗く恐ろしい章」について語った演説である[76]。プローディが言及したのは、すべて欧州で起きた残虐行為だった。とりわけ「強制収容所、大量虐殺、ジェノサイド、そしてショア（ユダヤ人大虐殺）という独特の恐怖」に至る反ユダヤ主義の歴史に言及した。ところが、植民地主義と帝国主義については何も述べなかったのである。プローディは、ＥＵはその歴史から教訓を学ぶことを目的としており、「欧州の理念は、未来の欧州は異なるものにするという確固たる決意に基づいている」と述べたが、ここでも欧州における反ユダヤ主義と戦争の歴史に言及するにとどまった。ただ、「人種差別、外国人排斥、反ユダヤ主義は、欧州連合が掲げるものすべてに対する明白な違反行為である」とは述べていた。

このように、ＥＵの新たな公式のナラティブは、欧州史の内部的教訓、すなわち欧州人が互いに何をしたかということに基づいていたが、対外的教訓、すなわち欧州人が世界の他の国々に対して何をしたかということ、特に植民地主義については基づいていなかった。植民地事業としての欧州統合事業の初期の歴史は今や忘れ去られ、「親欧州派」は植民地主義をEUではなく、国民国家の問題として捉えていた。EU自体はもちろん、ホロコーストに責任があるとは言えないにもかかわらず、それでもEUはホロコーストの中心的な参照点となっていた。このようにみると、EUが西欧の帝国主義諸国に帝国崩壊後の「軟着陸」をもたらしたとするティモシー・スナイダーの見方は、肯定的すぎるように思われる。欧州統合によって、西欧の帝国主義諸国は帝国から姿を変えることに成功したが、帝国を記憶しておくことはなかったのである。

フランスの歴史家エルネスト・ルナンは、有名な講演「国民とは何か」の中で、国民を形成する上で忘却が重要な役割を果たすことを指摘した。「国民の本質とは、すべての個人が数多くの共通点を持っていることであり、同時に数多くのことを忘れていることである」と述べている[77]。第1章で論じたように、地域主義がナショナリズムに類似しているとすれば、国民についてのルナンの洞察を地域に当てはめることができる。言い換えれば、地域もまた忘却するのであり、この忘却のプロセスを通じて地域主義は生まれるのである。第二次世界大戦後、新たな欧州の地域主義が出現したこの事例では、忘れ去られたのは帝国であった。冷戦が終結するころまでには、ホロコーストは「欧州人のアイデンティティの核」となりつつあった。EUは、帝国の記憶喪失の手段となったのである。

エルネスト・ルナン（1823-1892）

第４章 新たな文明化の使命

A New Civilising Mission

ポスト冷戦期に、１９９２年のマーストリヒト条約によって誕生した欧州連合（ＥＵ）は中・東欧の旧共産圏諸国などの加盟により拡大すると、「親欧州派」の間には楽観的で、傲慢ともいうべき、新たな気運が生まれた。「親欧州派」は、ＥＵがその社会経済的・政治的モデルを広めるにつれて、世界全体が欧州のイメージに作り替えられ、欧州が「21世紀を動かす」だろうと想像し始めた(1)。第二次世界大戦後、欧州は中央ではなくなり、ディペッシュ・チャクラバルティの言葉を借りれば、「地方扱い」になった(2)。しかし、イワン・クラステフが言うように、冷戦終結後、「欧州は自らを未来の実験室と想定する」ことによって、自らを再び中心に位置づけたのである(3)。言い換えれば、世界を欧州化するという旧来の思想の、やや技術主義的な新バージョンが登場したのである。

コスモポリタニズムの表現として欧州のビジョンが登場したのは、冷戦終結後の20年間であった。欧州は「開かれて」おり、その境界は流動的なものだという考え方は、EU拡大によって強化された。EUが中・東欧諸国を統合し、改革しようとする方法は、啓蒙思想にまでさかのぼる「後進的」な中・東欧という認識が前提となっていた。しかし、EUが東側に開かれたとしても、南側に対しては閉ざされたままだった。言い換えれば、「親欧州派」は徐々に、EUが「開かれている」ため、コスモポリタンであると想定する傾向を強めたが、ポスト冷戦期のEU拡大は、実際には「ユーロホワイトネス」（欧州の白人性）とも呼ぶべき、暗黙のうちに民族的・文化的な欧州のアイデンティティを強化するものであった。

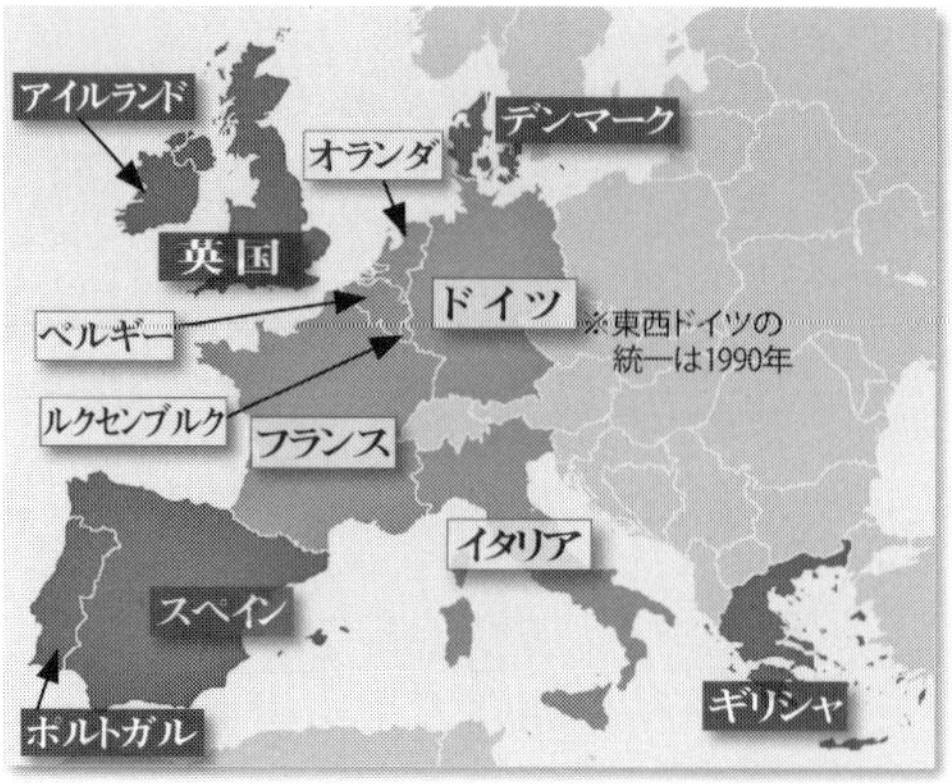

【1993年マーストリヒト条約発効時のEU(欧州連合)加盟国】

薄いグレーの国々は、1957年のEC(欧州共同体)発足時の6か国。
濃いグレーの国々は、1973年以降ECに参加した6か国。

※第3章、p71の地図も参照のこと(編集部)

「親欧州派」は、EUの「近隣」とそれ以外の地域において、EUの新しいアプローチが、その歴史的な文明化の使命とは全く異なるものだと考えていた。その理由は、EUが歴史の教訓に基づく異なる「価値観」を支持するようになったからだけではなく、異なる方法でそれを促進しようとしているからでもあるという。EUは、従来のような大国ではなく、「文民的」あるいは「規範的」パワーだからである。欧州はポスト冷戦期に欧州域外で、時にはEUを利用する形で、軍事力を行使することがしばしばあった。しかし、欧州統合（つまり、欧州域内統合）が「平和事業」であるという認識から、「親欧州派」はそれでもなお「欧州」を例外的に平和的な勢力として想定していた。親欧州派は実際、ＥＵが国際関係そのものを「文明化」していると信じていたのである。

ＥＵの（新）自由主義

冷戦終結後に中・東欧諸国が加盟を目指したＥＵは、１９７０年代から１９８０年代にかけて原加盟国６か国に第２グループが加盟したＥＣとは全く異なっていた。１９７０年代を通じて、欧州統合は政治面では停滞していた。しかし、重要な点として、「司法統合」は欧州司法裁判所を通じて継続し、その競争法に関する決定は重要な分配的結果をもたらし、ＥＣ域内の経済的自由主義を高めていた(4)。１９８０年代半ばになると、単一市場構想を軸とする欧州統合計画が再始動し、経済自由化への動きがさらに進んでいたのである。

単一市場構想は新自由主義的な方向転換に密接に関連しており、マーガレット・サッチャー英首相がこの展開において中心的役割を果たしたことからも明らかだった。１９８５年に調印された単一欧州議定書は、規制緩和、民営化、補助金の削減、および資本、モノ、ヒト、サービスの移動に対する障壁の撤廃を推進した。これによってもたらされた規制競争は福祉モデルを圧迫し、その一方で、特にフランス左派の、代償的な「社会的」欧州への切望は大きく挫折した。このように、欧州統合の次の段階は、前段階で欧州モデルとして考えられていたものの一部を損なうことになった。クリス・ビッカートンの言葉を借りれば、「より緊密な欧州統合は、戦後の妥協を葬り去る手段となった」のである(5)。

単一市場の創設とポスト冷戦期の新たな状況は、欧州統合の次の段階へと導いた。1992年にマーストリヒトで加盟12か国によって合意された欧州連合条約は、EUを創設し、それとともに欧州市民権という新しい概念を生み出した。これにより、1957年のローマ条約で確立された移動の自由の原則がさらに拡大され、EU市民は他のどの加盟国でも生活できる権利を獲得した。（さらに、西欧諸国のグループは1995年に国境管理を撤廃するシェンゲン協定に調印した。）最後に、おそらく欧州統合事業の将来にとって最も重要なことだが、マーストリヒト条約は加盟12か国のうち10か国が単一通貨を創設することで合意したのである。

（向かって左から）フランソワ・ミッテラン（1916-1996）
マーガレット・サッチャー（1925-2013）
ヘルムート・コール（1930-2017）

「親欧州派」は長い間、特にドルの覇権に対抗する手段として、欧州単一通貨を夢見ていたが、フランスと西ドイツはそのビジョンの違いを克服できずにいた。しかし、ベルリンの壁が崩壊し、ドイツの統一が目前に迫ったとき、フランスのフランソワ・ミッテラン大統領は、より強大になるドイツを繋ぎとめる手段として、ヘルムート・コール首相を説得し、最終的にこれを進めることで合意した。ドイツの合意の見返りとして、新通貨はほぼドイツの条件に従って創設され、ドイツ連邦銀行の在り方を基本とする「超独立的な」中央銀行はインフレ防止にほぼ専念し、財政赤字と債務に制限を設ける財政規則が設けられた(6)。

このようなドイツの条件に基づく単一通貨の創設は、特に豊かな北部と貧しい南部の間に、欧州の経済的分断

ジャック・ドロール
(1925-2023)

における新たな制度的状況を作り出した。欧州の貧しい国々は、この新しい財政ルールが政策余地と経済成長を制約しかねないことを当然ながら懸念し、こうした国々からのマーストリヒト条約への同意を確保するため、その代償としてEUのいわゆる構造基金を増額した。トニー・ジャットの言葉を借りれば、欧州委員会のジャック・ドロール委員長は、ギリシャ、アイルランド、スペイン、ポルトガルを「買収したに等しい」[7]。一方、デンマークと英国は経済通貨同盟のオプトアウトを選択し、協議から離脱していた。数多くの経済学者が当時ユーロの構造上の欠陥を指摘していたが、１９９９年にユーロが現実のものとなったとき、「親欧州派」はユーロ誕生を勝利と見なしたのである。

ＥＵが経済的によりリベラルな立場を取るようになるにつれ、ＥＵは自身が守る「価値」という観点を明確にしていった。ＥＣ加盟９か国は、１９７３年に「欧州アイデンティティ宣言」において「欧州共通の文明」に言及し、「欧州の価値観」を成文化する最初の試みを行った[8]。ＥＵは１９９３年には、中・東欧諸国を念頭に置いて、加盟のための基準、いわゆるコペンハーゲン基準を次のように正式に定めた。

「加盟には、加盟候補国が民主主義、法の支配、人権、および少数民族の尊重と保護を保証する制度の安定を達成していること、市場経済が機能していること、さらにＥＵ内での競争圧力と市場原理に対処する能力を有していることが必要である。加盟には、候補国が政治・経済・通貨統合の目的の遵守を含む加盟の義務を負う能力があることが前提となる。」[9]

　とりわけ、ポスト冷戦期は、民主主義への移行という観点が重要だった。第3章で見たように、「親欧州派」はEUをポスト権威主義的なものとみなすようになっていた。具体的には、欧州統合が第二次世界大戦後のドイツとイタリアの民主主義への移行と結びついていたこと、そして1980年代のギリシャ、ポルトガル、スペインにおける同様の動きと結びついていた経緯から、EUは自らを民主主義への移行において重要な役割を果たしていると考えるようになった。民主化されてEU加盟国となった南欧諸国を支援したのと同じように、EUは中・東欧諸国を同様の方法で支援できると考えるようになった。「親欧州派」の間では、欧州全般、とりわけEUを、世界の他の国々が学ぶことのできる民主化のモデルと考える、一種の民主主義的勝利主義というべきものがあったのである[10]。

　しかし、欧州統合のこの局面における逆説は、「親欧州派」の楽観主義が再び強まる一方、欧州懐疑主義が高まりを見せたことであった[11]。マーストリヒト条約締結以後、「支配者と被支配者の断絶」が進んでいた[12]。数十年間、「寛容なコンセンサス」が存在し、「親欧州」のエリートは市民からの干渉を受けずに統合を進めることができていた[13]。しかし、欧州統合が進むにつれて、そうした時期は終わりを告げ、より争いの多いEUが登場した。欧州懐疑主義は、EUの経済的自由主義の高まりに対する市民からの反応であり、フランスでは超自由主義（*ultralibéralisme*）と呼ばれていた。しかし、EUの構造上、特定の政策への反対が、政治機構としてのEUへの根本的な反対へと転化される形になり、言い換えればそれが欧州懐疑主義を生んだのである[14]。

ヴァレリー・ジスカールデスタン（1926-2020）（向かって右）
ヘルムート・シュミット（1918-2015）

　欧州統合の進展は憲法改正を伴うことが多かったため、加盟国の批准を得るために国民投票が必要となることがしばしばあった。マーストリヒト条約は1992年にフランスの国民投票において僅差で可決されたが、２００１年になると、ＥＵは自らの憲法を制定しようとするプロセスを開始した。憲法制定のプロセスは、ヴァレリー・ジスカール・デスタン元フランス大統領が主導した「ＥＵの将来に関する諮問会議《コンベンション》」（The Convention on the Future of the European Union）という、典型的なエリート主義的な方法によって実行された。フランスとオランダの有権者が２００５年に、この諮問会議が起草した憲法草案を否決したことで、エリートと市民の間に生まれていた分断が露《あらわ》になった。したがって、欧州統合が進むにつれて、欧州の民主主義の問題、とりわけ民主主義を「制約」するというＥＵ自体の扱いにくい役割が明らかになってきたのである。

このように、冷戦終結後に中・東欧諸国が加盟を目指したＥＵは、いくつかの問題がある方法で進化していた。１９６０年代から冷戦終結までの内向きの時期を経て、ＥＵは再び外に目を向け、ＥＵの拡大という視点から考えるようになった。その一方で、ＥＵは内部的にも変化していた。ＥＵは、欧州統合の初期段階にあった社会的経済モデルよりも、新自由主義を支持するようになっていた。また、ＥＵはそれ自体が民主主義の象徴であると考えていたが、ＥＵが象徴する制約された民主主義の形態への反発は高まっていた。中・東欧諸国にとって、ＥＵへの加盟は経済の自由化を意味するだけでなく、ようやく自国が国家主権や国民主権を回復したと思った矢先に、これらの主権に対する制約を受け入れることを意味したのである。

まだ欧州ではない

ラリー・ウォルフが示したように、東欧が西欧とは異なる空間であるとする考え方は、啓蒙主義にまで遡る[(15)]。ルネサンス期を含めてそれまでは、欧州の基本的な概念区分は北と南であった。欧州は南から、特に欧州文明の中心であるイタリアから想像される傾向があり、野蛮な北部を見下すような目で見ていた。しかし、啓蒙主義の時代になると、文明の中心として南欧に取って代わった西欧と、ロシアを含む東欧との間に新たな溝が生まれ、「概念的な方向転換」が行われた[16]。ヴォルテールやルソーのような啓蒙主義の哲学者たちは、ウォルフが言うように「南から北へではなく、西から東へ」視線を向けた。

このような概念の方向転換とともに、東欧は「包摂と排除が同時に起こるパラドックス」として構築された。それは「欧州であって欧州でない」ものであった[17]。啓蒙思想の進歩という文脈の中で、東欧は単に野蛮であるとみなされるだけでなく、特に「後進的」、つまり、発展面で西欧に遅れをとっているとみなされた。この意味で、西欧の東欧に対する認識と、欧州域外の世界に対する認識には類似点がある。旅行で訪れた人は、東欧の人々を、新世界の先住民のような野蛮人として叙述した[18]。それでも、東欧は、アフリカやアジアのようにまったく後進的だとは認識されていなかった。むしろ、「文明と野蛮の両極を媒介する」中間的な空間であった[19]。言い換えれば、非白人世界とは異なり、欧州になる可能性を秘めていた。つまり、まだ欧州ではなかった、と表現できるかもしれない。

冷戦が終結すると、欧州の政治的地理は突然、劇的に変化した。欧州大陸はもはや単純に東と西に分けられるものではなくなった。特に、冷戦時代には消滅していた中欧という独特の空間の概念が復活した。しかし、少なくとも西欧では、「後進的な」東欧という考え方に基づく心象図は残っており、東欧はまだ欧州ではないという考え方は、ＥＵが中・東欧諸国の加盟にどのように取り組むかに影響を与えることになった。中・東欧諸国がＥＵに加盟し、欧州人になることは可能であり、当然のこととさえ考えられていた。しかしながら、まずは文明化する必要があったのである。

冷戦終結後のＥＵの中・東欧に対するアプローチは、コンディショナリティという概念に基づいていた。加盟は、コペンハーゲン基準に基づく経済的・法的・政治的改革と結びつけられ、加盟申請国は「欧州の価値」に適合させるために取り組まなければならなかった。実際には、これは「アキ・コミュノテール」(*acquis communautaire*) として知られる10万ページに上る規則による法体系を採用することを意味した。このプロセスは民主主義への移行という認識で説明されたが、それだけではなく、国有財産の民営化、金融システムの自由化、政府支出や補助金の削減といった経済の自由化も意味していた。実際には、ＥＵが中欧と東欧に輸出しようとしたのは、良好なガバナンスとともに、ネオリベラリズム(新自由主義)だったのである[20]。

さらに、このプロセスは民主主義への移行を支援するという観点で認識されていたが、民主主義の観点からは、後にＥＵを苦しめることになるいくつかの問題点をはらんでいた。イワン・クラステフが言うように、加盟プロセスは「民主的プロセスに対するエリートの覇権を事実上制度化」する一方、革命後に市民の真の代表とみなされていた議会を二の次にしてしまったのである[21]。政策、とりわけ経済政策は、市民のニーズよりもむしろＥＵの要求によって決定された。こうした加盟候補国には、ユーロに参加し、ＥＵの財政ルールを遵守することまで要求されたのである。したがって、こうした国々の市民は「有権者が政府を変えることはできても、政策を変えることはできない体制として、過渡期の民主主義を経験した」のである[22]。

ヤン・ジーロンカの主張によれば、ＥＵとは一種の帝国であり、「近隣諸国」を改革し、統合するという冷戦後の事業は、一種の「ポスト・モダン」の文明化のミッションとして理解することができるという[23]。ＥＵが帝国であると考える「親欧州派」はほとんどおらず、ジョゼ・マヌエル・ドゥラン・バローゾ元欧州委員長が言うように、ＥＵが帝国の「側面」を持っているとしても、帝国であるという可能性を示唆されれば、ほとんどの人は憤慨するだろう[24]。しかし、ジーロンカは、ＥＵもある面

ジョゼ・マヌエル・ドゥラン・バローゾ（1956－）（向かって右）
アンゲラ・メルケル（1954－）

では帝国のように行動していると主張する。すなわち、「正式な併合やさまざまな形の非公式な支配を通して、多様な周辺アクターに対する支配を行使している」とみている[25]。言い換えれば、バローゾが認めているように、ＥＵには「帝国の側面」があるだけでなく、「帝国としての特質」も持っているのである[26]。

ＥＵの中・東欧へのアプローチは、欧州の価値観に基づく「規範」という観点から考えられており、それは翻って、啓蒙主義という普遍主義的思想に基づくものだとみられている。そして、それこそが以前の欧州の文明化ミッションとは異なる点だと「親欧州派」が考えているものである。しかし、ジーロンカが指摘するように、帝国主義的な文明化ミッションもまた、啓蒙思想の普遍主義の名の下に実行された。それは植民地の開発、とりわけ植民地を自治に適したものにするという視点で考えられていた。要するに、強制的であると同時に規範的であったのである。中・東欧諸国のエリートが求められている改革に自発的に同意したとしても、ＥＵのやり方は、支配的な西欧と劣った東欧という前提に貫かれていたのである[27]。

ＥＵと中・東欧8か国（チェコ、エストニア、ハンガリー、ラトビア、リトアニア、ポーランド、スロバキア、スロベニア）と、キプロスとマルタとの交渉は5年間続いた。加盟候補国にとっては、ある意味で屈辱的な経験だった[28]。中・東欧からの移民の大量流入を懸念し、アイルランド、スウェーデン、英国を除く加盟15か国は、マーストリヒト条約で拡大された移動の自由の原則を、暫定的に制限することを主張した。ＥＵの補助金も制限された。それでも、１９９８年に交渉を開始した10か国は２００４年にすべて加盟し、ＥＵは旧ソ連圏内に領土を持つ国々を含む25か国からなるブロックになったのである。

軟化した東部の境界と強固な南部の境界

しかし、１９９０年代から２０００年代にかけて、中・東欧諸国を含むＥＵの拡大に伴い、東側の境界は軟化したものの、南側の境界は依然として強固なままだった。第３章で見たように、１９８７年のモロッコのＥＥＣ加盟申請は、地理的に見て欧州の一部ではないという単純な理由で却下された。アル

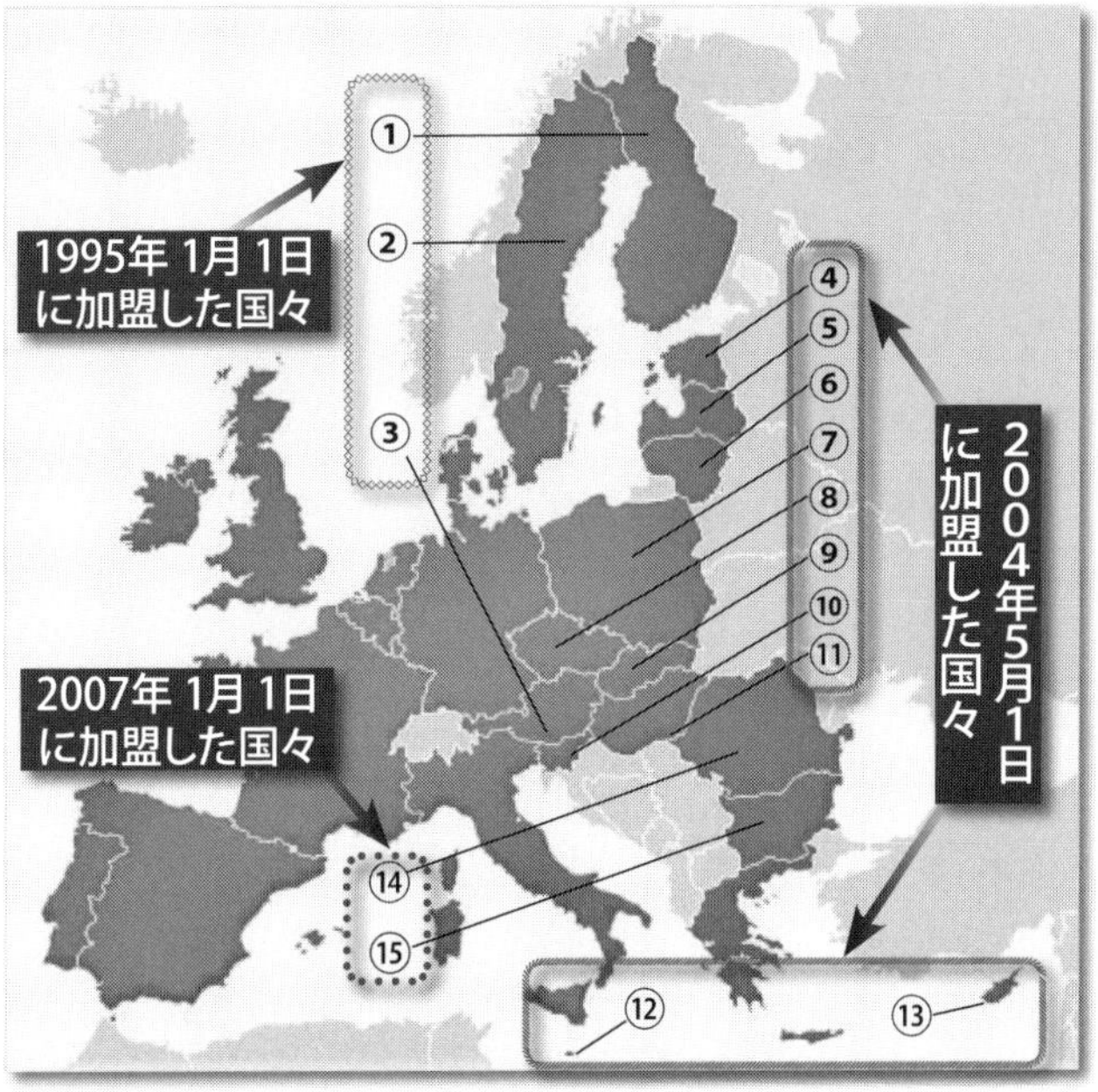

【EU（欧州連合）の拡大（1995～2007年）】

※1980年代以前の加盟国（当時はEC）については、第３章、p 71 の地図を参照のこと。
また、加盟国を示すベースとした地図は、英国が EU を離脱する以前のもの（編集部）

1995 年 1 月 1 日 加盟
① フィンランド
② スウェーデン
③ オーストリア

2004 年 5 月 1 日 加盟
④ エストニア
⑤ ラトビア
⑥ リトアニア
⑦ ポーランド
⑧ チェコ
⑨ スロバキア
⑩ スロベニア
⑪ ハンガリー
⑫ マルタ
⑬ キプロス

2007 年 1 月 1 日 加盟
⑭ ルーマニア
⑮ ブルガリア

ジェリアの一部はフランスの3つの県（*département*）からなるグループとして、1957年のローマ条約から1962年の独立までの5年間、EECに加盟していたにもかかわらず、である。中・東欧諸国のEU加盟の実現は多くの「親欧州派」の間で、EUが根本的に「開かれている」という認識を強める上で重要な役割を果たす一方で、北アフリカと中東に関する限り、EUは非常に閉鎖的であり続けたのである。

EU当局者は、その境界線は地理的なものよりも価値観によって定義されると主張した。EUのオッリ・レーン欧州委員（拡大担当）は2005年に、前年の「ビッグバン」と言われる拡大を踏まえて「地理的要因は枠組みを設定するが、欧州の境界線を決めるのは基本的には価値観である」と述べた。ブルガリアとルーマニアは2007年までに加盟することが決まっており、次の段階の拡大は西バルカン諸国を含むとの見通しが出始めていた[29]。（EUの）拡大は「欧州の価値観が尊重される領域を拡大することであり、その最も基本的なものは自由と連帯、寛容と人権、民主主義と法の支配である」という。言い換えれば、EUは自らを規範的な視点で認識しており、たとえ地理的な限界はあったとしても、EUは欧州のアイデンティティという民族的・文化的な概念とは無関係だというのである。

しかし、現実は少し違っていた。モロッコは地理的に欧州の一部ではないという、1987年にモロッコに告げられた理由と同じ理由から、北アフリカや中東の国々がいくらEUの価値観に合致していたとしても、EUに加盟することはなかった。その代わりに、EUは欧州・地中海パートナーシップ（1995年創設）、欧州近隣政策（2003年創設）、欧州・地中海連合（2008年創設）という一連のイニシアチブを展開した。こうしたさまざまな手段を通じて、EUは北アフリカや中東諸国に対して、東欧で実行したような経済的・政治的改革に取り組むよう圧力をかけた。ただし、それに取り組み、やり遂げたとしても、加盟できる見通しはなかったのである。

さらに、ＥＵは、ＥＵの開放性、並びにＥＵの境界を決定づける規範的な方法に関する論理と、「価値圏の拡大」を目指すという論理を並立することにより、北アフリカにおけるＥＵのもうひとつの秘めた関心事である移民の流入阻止の姿勢を曖昧にしていた。ＥＵはアルジェリアやエジプトのような国々に対し、善良なガバナンスの発展を促しているとの立場だったが、現実はやや異なっていた。ＥＵ自体、そしてフランスやイタリアといった加盟国は、チュニジアのザイン・アル＝アービディーン・ベン・アリー大統領やリビアのムアンマル・アル＝カッザーフィー指導者のような独裁者と友好的な関係を維持していた。ＥＵ市場へのアクセスなどのＥＵが譲歩したのは、民主主義そのものではないにせよ、善良なるガバナンスへの一歩を踏み出した彼らに報いることを企図したものではあった。しかし、実際には、人々が地中海を横断するのを阻止するための措置に対する報酬がしばしばあったのである。

地中海を挟んでＥＵの南東に位置するトルコは、少し異なるケースだった。トルコは１９６３年にＥＣと連合協定を結び、モロッコと同じ年の１９８７年にＥＣ加盟を申請した。モロッコとは違って、トルコの場合、申請は許された。しかし、そのプロセスは遅々として進まず、その理由は表向きにはトルコの政治制度、人権状況に関する実績、特にクルド人などの少数民族の扱いに関する問題が挙げられていた。１９９９年になってようやく、加盟候補国の地位を与えられた。一部の加盟国、特に英国は、経済的・戦略的な理由からトルコのＥＵ加盟を望んでいた。しかし、フランスやドイツなどの加盟国は、欧州とは何かという民族的・文化的な考え方に基づく、より根源的な理由で、トルコのＥＵ加盟に反対した。このことは、ＥＵがキリスト教と同義である欧州という中世の考え方に、いかに影響され続けているかをとりわけ物語っていた[30]。

ＥＵは、モロッコとは異なり、トルコを少なくとも「潜在的には」欧州の一員であると見なしていたが、その国土の広さと国民の文化的・宗教的アイデンティティの組合せを考えたとき、欧州人の多くはトルコのＥＵ加盟を想定することはできなかった。ジスカール・デスタンは２００２年、当時ＥＵの新憲法を検討していた「ＥＵの将来に関するコンベンション」の議長を務め、翌年にはカール大帝賞を受賞することになったが、トルコの加盟は「ＥＵの終焉《しゅうえん》」を意味し、同国の加盟を主張する人々は「ＥＵの敵対者」であると述べた[31]。トルコは「異なる文化、異なるアプローチ、異なる生活様式」を持ち、要するに「欧州の国ではない」と主張した。また、トルコの加盟は、モロッコのＥＵ加盟への圧力を高めることになるとの見方を示した。

９・11米国同時多発テロとそれに続く欧州での相次ぐテロ事件以降、イスラム恐怖症が高まるにつれ、イスラム教徒の人口が多い国の加盟に反対する声が高まった。そのような状況の中で、トルコの加盟問題は、より明白に文明的な文脈で語られるようになった。欧州委員会が２００４年にトルコとの加盟交渉を開始するよう勧告する報告書を発表した後で、オランダのリベラル派であり、ＥＵにおける経済自由化と関連するオランダ政治の「文化化」において主導的な役割を果たしたフリッツ・ボルケスタイン欧州委員は、トルコの加盟はＥＵの終焉を意味するというジスカール・デスタンの警告に共鳴し、さらに劇的な表現を用いた。欧州の「イスラム化」が間近に迫っていると警告し、そうなれば「１６８３年のウィーン解放は無に帰することになる」とまで語ったのである[32]。

トルコ加盟を支持するオッリ・レーンは、加盟のための真の条件は「条約（の規定）を超えたもの」であることを認めた[33]。同氏は、加盟候補国が「欧州の一般市民から受け入れられる」必要があるとの見方を示した。しかし、レーンが認めなかったのは、トルコのような候補国の加盟に数多くの欧州諸国の市民が反対する理由が、文明的な概念とともに、民族的・文化的な概念に基づいていることだった。端的に言えば、ＥＵは暗黙のうちに白人国と非白人国を区別しており、それが普遍的な価値観に基づく包括的な事業としての欧州の概念を損なっていたのである。それは、ＥＵがコスモポリタンな事業というよりはむしろ地域的事業であるというだけでなく、民族的・文化的な視点で境界を定めていることを示していた。

ウルリッヒ・ベックのようなコスモポリタン的欧州の理論家は、２０００年代にＥＵが拡大したことを指摘し、欧州統合が「開かれた政治事業」であり、「急進的な開放性」がＥＵの典型的な特質であることを示した。しかし、この指摘は、欧州の民族的・文化的概念の影響を受けたＥＵが、東部と南部を区別しているという現実を見落としていた。「親欧州派」はＥＵを「境界の撤廃（境界を取り払うこと）」と考えていたが、ＥＵは「境界の再設定（新たな境界を作ること）」にも関与していた(34)。確かにＥＵ域内の国境は（少なくともシェンゲン圏内では）取り払われた。しかし、ＥＵ拡大はＥＵの対外的な境界を撤廃したのではなく、単に境界を東方に移動させただけで、南側の境界はそのままだった。このことは実は、ＥＵで具体化された欧州と白人性との同一性を強めたのである。

白人性への回帰か？

中・東欧では、ＥＵへの加盟は「欧州への回帰」として広くイメージされていた。しかし、これは曖昧な表現だった。「欧州」は、多くの異なる事柄を意味しうるからである。このため、２００４年にＥＵに加盟した中・東欧の人々は、「どのようにイメージした欧州」の一員になると想像していたのか、また、どのような意味で、それまで自分たちがかつて属していたものへの「回帰」であったのかが問題となる。「親欧州派」がＥＵを理想化する方法のためもあり、「親欧州派」はＥＵを、普遍主義的な価値観、とりわけ民主主義に基づく、純粋に市民的な欧州アイデンティティだと考える傾向がある。しかし、実際には、中・東欧の人々が自分たちの回帰場所と想像していた欧州は、市民的な意味だけではなく、民族的・文化的な意味で定義されたものだったのである。

「欧州への回帰」という考え方の曖昧さは、１９８９年の革命そのものの性格にまで遡る。このときの革命は一般に、民主主義革命と考えられており、もちろんその通りであった。だからこそ、ハンガリーやポーランドで民主主義が後退したことに多くの人が困惑したのである。しかし、ブランコ・ミラノヴィッチが論じているように、これらの革命は、民主主義を目指しただけでなく、民族的に均質な国民国家をつくることを目的とした民族主義革命でもあった[35]。第二次世界大戦後、中・東欧諸国は少数民族の人々を追放し、西欧諸国のように欧州域外からの大量移民の受入を経験しておらず、異なる民族との共存を自分たちが約束する「欧州の価値」の一つであるとは考えてはいなかったのである。

中・東欧諸国には西欧諸国のような植民地主義の歴史もなかった。むしろ、中・東欧諸国自身がオーストリア・ハンガリー帝国やロシア帝国の一部だった。実際、第一次世界大戦が終わり、オーストリア・ハンガリー帝国とロシア帝国が崩壊した後、中・東欧に小国が誕生したことは、20世紀最初の脱植民地化と見ることもできる[36]。しかし、これらの新しい欧州諸国が、独立を求めていたアフリカやアジアの国々の反帝国主義運動と大きな連帯を示したかというと、そうではなかった。実際、チェコスロバキアやポーランドの知識人たちは、自分たちにも欧州域外の植民地を与えるよう要求した。彼らにとって、それが欧州国家であることの意味の一部だったのである[37]。

バルト三国は１９４０年にソ連に併合され、その他の中・東欧諸国も戦後ソ連の支配下に置かれた。言い換えれば、脱植民地化の後、再び植民地化されたのである。トニー・ジャットが示唆したように、ホロコーストに関する認識が中・東欧諸国がＥＵ加盟のための明文化されていない前提条件であったとしても、中・東欧諸国はまた、ＥＵの記憶文化にファシズムだけでなくスターリン主義をも含むよう拡大させた[38]。こうしたことを踏まえ、ベックとグランデは２００７年、「新しい欧州の価値観と規範」は「20世紀の左右両派の恐怖政治の歴史に対する答え」であり、「20世紀の戦争と独裁、強制収容所とグーラグ（ソ連の強制収容所）の経験」は「コスモポリタン的欧州」の概念に不可欠であると書いたのである[39]。

しかし、中・東欧の欧州に対する考え方は、政治的なものであると同時に、文明的なものでもあった。例えば、ミラン・クンデラは１９８４年、中欧の再興に関する冷戦後の議論にも影響を与えた、英語で発表したエッセイの中で、欧州は地理的な空間ではなく、ロシアと対立する『西』という言葉と同義の精神的概念」であると書いている[40]。クンデラにとって、中欧の「悲劇」とは、ソ連に「誘拐」され、本来所属していた西欧から切り離されたことだった。しかし、それはクンデラが文明主義的な考え方を否定したからではない。むしろ、中欧が欧州文明に属していた、あるいはその体現者だったからだという[41]。さらに、西欧はその文化的なアイデンティティを捨ててしまっていたからこそ、中欧の喪失を感じていなかった。欧州に回帰することにより、中欧諸国の人々はその文化的アイデンティティを救うことができるのだというのである。

特に、中・東欧諸国がＥＵ加盟後にもたらしたものは、キリスト教が欧州のアイデンティティの一部であるという、再認識された感覚であった。例えば、２００４年の欧州憲法の最終交渉では、その１か月前にＥＵに正式加盟していたチェコ、リトアニア、ポーランド、スロバキアが、憲法草案の前文に「キリスト教の伝統」への言及を入れようとした8か国のうちの一部であった[42]（最終的には、「欧州の文化的、宗教的、人文主義的遺産」という文言となった）。こうしたキリスト教の強調は、イデオロギー的にも文明的にもソ連に対抗する形で定義されていた１９５０年代から１９６０年代にかけてのキリスト教民主主義思想を想起させずにはおかなかった。

このように、ＥＵ拡大により、ポスト冷戦期にＥＵの多様性は増大したが、逆説的なことに、欧州は排他的な空間であり、市民的なアイデンティティだけで定義されるものではなく、むしろ文化や宗教によって定義される空間であるという意識が強まった[43]。啓蒙思想に遡る「文明的な」西欧と「野蛮な」東欧との間の断層を克服するのではなく、中・東欧諸国はその断層を冷戦期よりもさらに東方に移動させ、自分たちも西欧の一部となることを試みた。ヴォルフが言うように、中・東欧諸国は自らを救済するために中欧という概念を利用する一方で、後進的な東欧という図式を使って、「それ以外の国々を排除することを永続」させようとしたのである[44]。

ユゼフ・ベレツは「『ホワイトネス（白人性）』（Whiteness）という区分の内部構造」と呼ぶものを把握するため、「ユーロホワイトネス（Eurowhiteness）」という概念を提唱した[45]。とりわけ、ベレツは「『ホワイトネス』の世界」において、「ユーロホワイトネス」と「ダーティ・ホワイトネス（dirty whiteness／不完全の白人性）」という概念区分を導入する。「ダーティ・ホワイトネス」とは、「完全ではない、ディアスポラ的、あるいは『ホワイトネス』のうちの『東部』バリエーション」であるとする[46]。「ダーティ・ホワイトネス」は「ユーロホワイトネス」に対する羨望があり、「適切に『ホワイト(白人)』として受け入れられることへの要望を具体化したもの」であるとする。ベレツは、「ダーティ・ホワイトネス」はとりわけ中・東欧諸国が該当すると指摘する。ＥＵへの加盟は、「ダーティ・ホワイトネス」から「ユーロホワイトネス」への移行を望む願望の表れと考えることができるというのである。

この用語はまた、ＥＵを中心とする欧州の民族的・文化的概念としても使うこともでき、ホワイトネスの概念とも関連してはいるが、単純にそれだけに還元することはできない。ＥＵの東側と南側の境界に対するアプローチの違いを考えれば、ある程度正当化できるのだが、中・東欧諸国が回帰しよ

う と考えた欧州は、依然として部分的には文明的な視点で定義されたものだった。マイケル・ウィルキンソンは「多くの新加盟国の欧州に対する態度は、政治的価値観よりもむしろ、共有するキリスト教的ルーツや歴史的連携に焦点を当てた、独特の文化的神話に基づいていた」と述べている[47]。その意味で、中・東欧諸国の「欧州への回帰」は、「ユーロホワイトネス」への回帰でもあったのである。

文明化のパワーとしてのEU

ポスト冷戦期に、ＥＵは自らを国際政治におけるパワーとみなすようになったが、それは従来の「大国」とは異なる種類のものであった。冷戦時代、ＥＥＣとその後継組織のＥＣは、「対外」政策、つまり域外に対する集団的アプローチを、加盟国拡大を除いてはほとんど行っていなかった。しかし、ＥＵが冷戦終結後に加盟国拡大対応に追われている最中にあっても、ＥＵはより首尾一貫した外交政策を構想するために数多くの措置を講じ、ＥＵが欧州以外の世界で果たすことができる独自の役割についても構想し始めた。ＥＵが自らに思い描いた役割は、この時期の自信とともに、ＥＵがいかに文明化の使命という考え方に特徴づけられていたかを示していた。

ＥＥＣ加盟諸国は１９７０年代以降、欧州政治協力（ＥＰＣ）の協力枠組みを通して、非公式に外交政策で協力するのみであった。ＥＥＣは１９６８年に関税同盟を結成して以来、欧州委員会が貿易政策、特に対外関税を決定していた。しかし、貿易政策以外では、加盟国は個別の外交政策を追求する傾向があり、安全保障政策の協力は主にＮＡＴＯを通じて行われていた。ところが、マーストリヒト条約は１９９２年、新生ＥＵが「国際舞台で自らのアイデンティティを示す」ことを約束し、共通外交・安全保障政策（ＣＦＳＰ）を創設した。１９９７年のアムステルダム条約では、共通外交・安全保障政策上級代表、すなわち、ＥＵの外相に相当するポストが、資力は少ないものの設置された。

より一貫性のある外交政策を展開しようとするこの試みは、冷戦終結後の10年間におけるＥＵの自信と野心を反映していた。この試みは同時に、とりわけ１９９０年代にバルカン半島で火を噴いた民族紛争や地域紛争への対応の結果でもあり、一致団結したＥＵの外交政策が必要とされているという認識が生まれたのである。ユーゴスラビアが崩壊し始めたとき、ルクセンブルクのジャック・プース外相が１９９１年６月に「欧州の時」だと宣言したのは、双方の要素を捉えたものだった。ついには、「親欧州派」（特にフランス）の一部も、米国の力を嫌悪し続け、米国からより独立し、対抗しうる欧州圏の創設を望んだのである。

「親欧州派」の一部はすでに、欧州が国際政治において果たしうる独特の役割を概念化しようと試み始めていた。ジャン・モネの顧問のフランソワ・デュシェーヌは１９７０年代初頭、ＥＣは「経済力があり、武力が十分ではない国々のシビリアン（民生）グループ」として、「これまではほとんど『自国』の問題だけであり、外国、つまり異国の問題とは関係なかった契約上の政策の機構を通じて、国家間の関係を国内化しようとすることに関心を持っている」と述べていた[48]。その後、この「シビリアン（民生）パワー」という概念は、単に軍事大国（パワー）の代替案を指すと思われがちだが、実際には手段と同様に目的にも関わるものであった。「シビリアンパワー」とは本来的に、国際協力と国際法を強化することによって国際関係を「文明化」しようとするものだったのである。

国際政治を文明化するというこの考え方は、カントの「永遠の平和」という考え方にまで遡るものであった。とりわけ国際政治を「国内化」すること、つまり、国家間関係を支配するルール、すなわち国際法を確立することによって、国際政治を国内政治のようなものに変えることを意味していた。「シビリアンパワー」の考え方は、ドイツの社会学者ノルベルト・エリアスの研究、つまり、欧州が中世から近代にかけて経験した「文明化の過程」、特に国家が合法的な武力行使を独占することによって、平和な社会空間が形成されたことに関する研究にも依拠していた[49]。「シビリアンパワー」の理論家は、この文明化のプロセスを国際政治に適用しようとした。欧州社会が文明化してきたような方法で、国際政治を「文明化」できると想定したのである。つまり、シビリアンパワーとは「文明化するパワー」でもあったのである。

冷戦終結後、国際政治におけるアクターとしてのEUについての議論が再燃した。特に、「シビリアンパワー」の後継として「規範的パワー」という考え方が登場した[50]。この考え方は、EUが単に欧州の利益、つまり国益に類似した地域の利益を追求しているのではなく、そうすることにより、世界全体にとって良い形で、国際関係を変革しているのだという考え方だった。「シビリアンパワー」という考え方と同様、この考え方は、EUの外交政策を理想化し、自己反省の欠如を生み出す傾向があった[51]。また、「欧州」が何を象徴していると認識されているかということと、EUの行動や機構との間に混乱を生じさせた。例えば、EU自体には軍事力がないかもしれないが、欧州に軍事力がないわけではなく、EU加盟国のうち2か国は核兵器さえ保有していた。

規範的パワーとしてのEUという考え方は、欧州の外交政策に関する議論の重要な要素であり続けた。しかし、「親欧州派」は今や、EUにはより伝統的な外交政策が必要であり、特に軍事力の不足を是正する必要があると考えるようになった。プースが今は「欧州の時」だと宣言した後、オランダの国連平和維持部隊は1995年にボスニア・ヘルツェゴビナのスレブレニツァで起きたセルビア人勢力によるイスラム教徒住民らの虐殺を阻止することができなかった。このことは、ホロコーストがEUの公式なナラティブに果たす役割を考えれば、欧州にとってとりわけ苦悩に満ちたものであった。EU加盟国は、ボスニア紛争を終結させるために米国の軍事力に依存し、その後、1999年のセル

各国国名（□および■がこみの地名）は、すべて旧ユーゴスラヴィアの国々。ただし、※1は、2008年（セルビアから）独立。※2は、2019年に国名変更（1991年独立時の「マケドニア」から）。（編集部）

ビア共和国コソボ自治州の紛争では、NATOによる対セルビア空爆作戦においても米国の軍事力に依存した。コソボのアルバニア系住民に対する虐殺を防ぐという名目で、国連安全保障理事会の委任なしに実行されたものだった。

1998年の英仏両国の合意を受けて、EUは6万人規模の部隊を創設することで合意した。翌年には共通安全保障・防衛政策（CSDP）を開始し、2003年に米国がイラクに侵攻しようとしていた矢先に、EUは初の平和維持活動（PKO）を旧ユーゴスラビアのマケドニア（現北マケドニア）に展開した。EU加盟国は、1999年のコソボ紛争や2001年以降のアフガニスタンでの活動に参加したように、軍事力の利用・行使については随時に判断し、あるいはNATOを通して活動に通じて参加し続けた。しかし、こうした派兵は、EU自体を通じて実施されたわけではなく、EUはよりソフトな活動しか行わなかったため、「親欧州派」は依然として「欧州」が例外的に平和的なパワーであると想定することができたのである。

2003年のイラク侵攻は、欧州外交政策構想の構築に向けた勢いを一層加速させる要因となった。平和的（ハト派的）欧州（あるいは少なくとも「古い欧州」、すなわち原加盟6か国）と、好戦的（タカ派的）米国（並びに「新しい欧州」、すなわちその後にEUに加盟した加盟国）との対比が鮮明に具体化されたからである[52]。この瞬間から、「復讐としての欧州」という考え方が復活した。ユルゲン・ハーバーマスは２００３年5月に、フランスの哲学者ジャック・デリダとの共著で、米国主導の侵攻に反対する欧州人の新しい意識が生まれつつあると主張する論文を発表した[53]。ハーバーマスの言う欧州とは、平和と国際法を支持するものであり、ヤン＝ヴェルナー・ミュラーの表現では「文明化の役割を担う米国のカウンターパート」だった[54]。

欧州外交政策構想をめぐるこの新たな機運は、２００７年調印のリスボン条約により、さらに大きな飛躍を生み出した。この条約により、外務・安全保障政策上級代表の役割が拡大され、「欧州対外行動庁」という新たな組織が創設された。この組織は、より首尾一貫した欧州の外交政策を調整できる、より強力な行政府だった。この条約は、欧州が世界でより力強い役割を果たすことを望む「親欧州派」に歓迎され、それは欧州にとってだけでなく世界にとっても良いことであり、国際政治を「文明化」することになると考えられた。しかし、民主主義の観点からは、これらの新しい権限には重大な問題があった。リスボン条約は、２００５年にオランダとフランスの有権者に批准を拒否され、否決された欧州憲法条約を再提出したものだったからである。

第5章 欧州統合事業における文明の転換

The Civilisational Turn in the European Project

２０１０年のユーロ危機から始まった危機の10年は、ＥＵを一変させた。第４章で見たように、２０００年代、「親欧州派」は外を向き、中・東欧諸国を統合し、ＥＵの「近隣諸国」を発展させ、国際関係を文明化することで、世界を文明化できると考えていた。しかし、ユーロ危機によってＥＵ自体の根本的な欠陥が露呈し、債権国と債務国の間に深い溝が生じるとともに、世界経済が不安定化したことで、地域統合のモデルとしてのＥＵという考え方が揺らいだ。ＥＵはその後、北アフリカと中近東における政治的混乱と、より攻撃的になりつつあるロシアという2つの対外的衝撃に直面した。このような状況の中で、ＥＵは自らを脅威に囲まれていると考えるようになり、より防衛的になった。

こうして２０１０年代前半には、より防衛的な欧州が出現した。ＥＵが南と北に分断され、２０１５年の難民危機以降は東と南に分断されたことで、欧州の異なる将来像の対立が繰り広げられた。しかし、極右勢力が欧州大陸全土で台頭するにつれて、欧州に対する複数の脅威は、文明の視点で語られるようになっていった。そこで登場したのは、一種の防衛的な文明主義だった。欧州人が脅威を感じていた時期、特にイスラムの脅威にさらされていた中世や、地政学的な欧州という概念が生まれた１９２０年代を想起させ、そうしたかつての欧州史の局面の記憶に基づくものであった。

欧州の政治は２０１０年代後半、「親欧州派」の中道主義と欧州懐疑的な「ポピュリズム」の二元対立で広く捉えられていた。しかし、この二元的な考え方は、双方のつながりを曖昧にしていた。明らかに台頭を避けられないように見える欧州懐疑的な「ポピュリズム」に対して、「親欧州」の中道派は極右的な表現を採用し、その表現をＥＵに統合し、「親欧州派」の文明化主義を生み出すようになった。２０２０年代初頭までに、「親欧州派」の思考において、欧州地域主義の市民的要素の影響力が低下する一方、民族的・文化的要素の影響力が強まったように思われた。言い換えれば、ホワイトネス（白人性）が欧州統合事業の中心になりつつあると思われた。

防衛的な欧州

ユーロ危機は、ＥＵが過去20年間深めてきた、その成功と世界における役割に対する自信を打ち砕いた。自らを繁栄と寛大な福祉国家の象徴だと考えていたＥＵ圏は、今や際限のない緊縮財政を強いられるようになった。ユーロ危機とともに、欧州内の対立、特にフランスとドイツの対立が再燃した。こうした対立は欧州史の一部と考えられていたが、少なくとも欧州統合自体がそれを克服したはずだと考えられていた。ルクセンブルクの元首相で後に欧州委員会委員長となるジャン＝クロード・ユンカーは２０１３年、欧州の状況は１００年前と驚くほど似ているとの見方を示し、「悪魔は追放されていない」と不吉なことを述べたのである(1)。

ユーロ危機の結果、ＥＵが世界の模範であるという考えは信用を失った。この数十年、ＥＵは自らをグローバル化した世界の問題を解決する存在だと考えてきた。しかし今、突然、ＥＵ自体が問題となった(2)。「親欧州派」は長い間、ＥＵは米国ほどのハードパワーは持っていないとしても、絶大なソフトパワー、つまり世界の他の国々にとって「魅力」を持っていると考えてきており、ソフトパワーは米国主導のイラク侵攻以降増大していると考えていた(3)。しかし、ユーロ危機によって、ＥＵは世界の他の国々にとって、ガバナンスのモデルとしての魅力を以前よりも著しく失ってしまった」と、２０１２年の欧州外交問題評議会の報告書は述べている(4)。言い換えれば、世界各国、特にＥＵの近隣諸国が欧州の「規範」を採用する可能性は低くなってしまったのである。

２０１１年初頭に、民主化デモが北アフリカと中東を席巻し始めたとき、欧州諸国は当初、民主化デモを支援することとさえためらった。例えば、チュニジアで蜂起が始まったとき、フランス外相のミシェル・アリヨ＝マリーは、ザイン・アル＝アービディーン・ベン・アリー大統領に、鎮圧のためのフランス治安部隊の使用を申し出た(5)。権威主義政権が崩壊することが明らかになった後、欧州諸国は一転して民主主義への移行支援に動いた。「欧州がなくても、アラブの春はそれでも起きたであろうが、われわれがいなければアラブの夏はないだろう！」とヘルマン・ファン・ロンパイ欧州理事会議長は述べたが、中・東欧諸国に示されたようなＥ

ジャン＝クロード・ユンカー
（1954-　）

Ｕ加盟の見通しはなかった。キャサリン・アシュトンＥＵ外務・安全保障政策上級代表は、北アフリカおける「ディープ・デモクラシー」、すなわち「法の支配の尊重、言論の自由、独立した司法、公平な行政」の発展を目指す戦略を調整し、まとめたのである(6)。

中・東欧でそうであったように、ＥＵはコンディショナリティ、すなわちアシュトンが言ったように「達成度に応じた支援」の形を利用しようとした。ＥＵは、法の支配、言論の自由、独立した司法、公平な官僚制度の発展段階と引き換えに、「資金、市場、流動性」を提供することになった。しかし、ＥＵがユーロ危機で苦戦する中、資金は限られていた。実際には、直接的な援助や債務免除ではなく、融資という形が多かった。また、北アフリカの農産物との競合を恐れる南欧諸国によって、市場はほとんど閉ざされたままだった(7)。最後に、「流動性」、つまり北アフリカからの移民を増やそうという動きはほとんどなかった。実際、特にシリア内戦が深刻化した後は、移民の流入を防ぐことが北アフリカにおけるＥＵの最優先課題となった。

北アフリカや中東の革命が突然起こり、欧州の足並みを乱したのとは異なり、ロシアの脅威はもっと徐々に顕在化した。しかし、これ自体がＥＵにとって別の問題を引き起こした。ロシアは長い間、欧州で最も論争の激しい外交問題のひとつであり、そのためにＥＵはロシアに対する共通のアプローチを構築することができなかった。ロシアを脅威とみなし、「ソフトな封じ込め」戦略を追求しようとするポーランドやバルト諸国と、プーチン大統領の言動が２００７年以降に徐々に攻撃的になっても、ロシアをＥＵが近代化し、統合できる潜在的なパートナーとみなす他の加盟国、特にドイツやイタリアとの間で、ＥＵは分裂していた(8)。

キャサリン・アシュトン
（1956-　）

ロシアが2014年にクリミア半島を併合し、ウクライナ東部に侵攻した後、特に同年7月にロシアの支援を受けた反政府勢力がウクライナ上空で旅客機を撃墜した後、EU加盟国はようやくロシアに対する一連の経済制裁に合意することができた。しかしドイツを含むいくつかのEU加盟国が依存していたロシアからの石油と天然ガスの輸入は制裁対象から除外された。ロシアがウクライナで、あるいはEU加盟国の一国に対して、さらに軍事行動を起こすことを抑止するため、EUは引き続き米国に頼り続けた。米国は、アジア太平洋地域への「ピボット」（軸足転回）を模索し、台頭する中国への挑戦に焦点を当てていたにもかかわらず、ポーランドとバルト三国における軍事的プレゼンスを強化していた。一方、ドイツのアンゲラ・メルケル首相は、ドイツとロシアを結ぶ新しいガス・パイプラインであるノルドストリーム2の建設を推進した。

2010年代半ばまでに、欧州の東と南におけるこうした動きは、欧州が脅威に囲まれているという一般的な感覚に融合していった。EUの周囲には東から南へと湾曲する「不安定性の弧《こ》」があった。「親欧州派」が期待したようにEUによって国際政治が「文明化」されるどころか、逆に、EUの「隣国」を超えて、無政府状態化が進んでいるという感覚が広がっていた。シンクタンクは「地政学」や「大国政治」の再来を論じる一方、多くの「親欧州派」が依然として「規範的」パワーとしてイメージしていたEUは、その準備ができていなかった。このため、EU内部では、新たな不確実性と、新たな世界に適応する必要があるという感覚の両方が生まれた。

このような状況の中で、微妙だが重要な変化が起こった。つまり、EUは自らをモデルとしてではなく、「競争相手」として捉えるようになったのである。言い換えれば、EUが2000年代に期待していたように、EUのモデルを世界に輸出するのではなく、EUは自らを守ることを優先するようになった。しかし、この競争という考え方にはさまざまなバージョンがあった。この競争は、純粋に経済的な観点で捉えられることも、より「地政学的」な観点で捉えられることも、また、より文明的な観点で捉えられることもあった。ＥＵではいつもそうだったように、これらの異なるビジョンの間で妥協が生まれた。その中心は、これまでと同様、フランスとドイツの交渉だった。しかし、冷戦時代とは異なり、フランスとドイツは「新しい欧州」とも交渉しなければならなかった。そのことは、欧州統合事業の将来にとって決定的な意味を持つことになる。

「競争力」のある欧州

欧州を競争相手とする考え方を体現していたのは、アンゲラ・メルケル首相であった。メルケル首相は、欧州を「競争力のある」、つまり、経済的に、ひいては地政学的にも、世界の他の地域と競争できるようにすることについて、延々と語っていた。メルケル首相は、欧州がかつて確立していた社会的経済モデルを弱体化させるために、今以上に前進する必要があると考えていた。特に、欧州が得意としてきた手厚い福祉制度を削減する必要があると考えていたのである。メルケル首相は、欧州は世界の人口の７％、ＧＤＰの25％、社会支出の50％を占めている、と好んで発言していたが、それは「欧州がこれほど寛大であり続けることはできない」と示唆するためだった[9]。

ユーロ圏の「財政危機国」に緊縮財政を課した背景には、こうした論理があったのである。例えば、ギリシャのヤニス・バルファキス財務相は、最初の会談でドイツのヴォルフガング・ショイブレ財務相が「欧州がインドや中国と競争するために、福祉制度を削減しなければならない」ことを話したがっていたと述べている[10]。しかし、福祉制度や社会的市場経済さえも、ユーロ圏の「周辺部」だけでなく「中心部」でも弱体化しつつあった。オリファー・ナハトヴァイが示したように、ドイツが

２０００年代に第二の「経済的奇跡」を起こしたとされる時期でさえ、労働力は弱体化し、低賃金部門は欧州最大規模に成長し、「不安定さ」は増大していた(11)。

とりわけメルケル首相によって、ＥＵも一種の変貌を遂げた。ＥＵはより威圧的になった。より広範なルールとその施行組織が創設されたため、以前よりも強制力がより大きな役割を果たすようになったのである(12)。もともとは加盟プロセスで使われていて、現在ではユーロ圏の「周辺部」を規律づけるために内部で使われているコンディショナリティが、より厳格に適用されるようになった(13)。ＥＵ文書では、「監視」や「規律」という言葉が使われた(14)。ＥＵ内部にはまだ、ある種の「連帯」はあった。だが、それは、構造改革（ＩＭＦの言う「構造調整」）と引き換えに融資を提供する、国際通貨基金（ＩＭＦ）が支援対象国に対して行うような連帯だったのである(15)。

アンゲラ・メルケル（1954- ）、バラク・オバマ（1961- ）

こうしたことを背景に、欧州の政治も変化した。債務国では中道政党は衰退し、２０１５年1月に政権を獲得したギリシャの急進左派連合（SYRIZA《シリザ》）のような反緊縮の新党が台頭した。他方、債権国では、「ドイツのための選択肢（ＡｆＤ）」のような極右政党が台頭した。同党は、ドイツが主導するＥＵはすでに「財政移転連合」、つまり、財政的に責任ある国が財政的に無責任な国を助成する方向に進みすぎていると考えていた。このように、ＥＵが「膠着状態に陥っていた」ことから、債権国、債務国の双方で欧州懐疑主義が高まった(16)。「親欧州派」は概して、左派、右派双方の「ポピュリズム」の波とみなす動きに対して、さらに結束を固めることで対抗した。

南欧諸国はユーロ危機に対するドイツ主導のアプローチと、それがEUを変容させる方法に反対したものの、中・東欧諸国は概ね支持していた。中・東欧諸国は冷戦終結後、特に2004年にEUに加盟して以来、その経済はドイツの製造業、特に自動車産業の供給網（サプライチェーン）に統合され、コンラート・ポプラウスキーが言うように中・東欧諸国は「ドイツ企業の組立工場」と化していた(17)。このため、中・東欧諸国が自国の国益の大半をドイツと一致させるという、一種の地経学的なドイツ影響圏が形成されたのである(18)。ギリシャの債務危機が2015年7月に再燃したとき、スロバキアのようなユーロ圏に属する中・東欧諸国は、ドイツの積極的なアプローチを声高に支持した(19)。

しかし、ドイツと中・東欧諸国とのこのような関係は、数か月後の難民危機で一変した。EU加盟の北部欧州諸国と南部欧州諸国との間にあった既存の分断に対し、西欧諸国と東欧諸国との間に突然、経済問題ではなく文化的な問題に基づく、新たな断層が生まれたのである。その多くをシリア出身者が占める何十万人もの亡命希望者が欧州大陸を通ってドイツに向かう中、ドイツが強制的な割当てに基づいて、12万人を他の加盟国に「再配置」させる計画を提案したからである。しかし、ドイツに経済的に依存しているにもかかわらず、ヴィシェグラード4か国（チェコ、ハンガリー、ポーランド、スロバキア）はこの計画に猛反対した(20)。とりわけ、2015年10月に極右政党である「法と正義」（P·i S）がポーランドで政権を握った後は顕著だった。

難民危機では、他のEU加盟国の「公平な負担分」とドイツが見なす亡命希望者数を受け入れてもらうため、他のEU加盟国に連帯を示す必要があったのはドイツだった。しかし、中·東欧諸国は、ユーロ危機の際にドイツが債務国からの連帯の要求に対して示した対応と同じような反応を示したのである。メルケル首相が当時、ユーロ危機は債務国の問題であり、緊縮財政と構造改革を履行する必要があると主張したように、ハンガリーのオルバン首相は、難民危機が「ドイツの問題」であって、欧州の問題ではないと主張した[21]。ユーロ危機の際に債務国がドイツを「財政帝国主義」だと非難したのと同じように、オルバン首相は、ドイツが「道徳帝国主義」だと非難さえしたのである[22]。

難民をめぐるメルケル首相とオルバン首相の劇的な論争は、メルケル首相が「リベラリズム」の象徴であり、オルバン首相が「非リベラリズム」の象徴であるかのような様相を呈していた。しかし、これは誤解を招くものだった。メルケル首相は２０１５年夏に「ドイツの国境を開放した」と言われているが、ドイツは亡命希望者の流入を止めることができなかったというのが現実だった。そして、メルケルはその後、トルコと交渉し、事実上ＥＵの境界管理を「非リベラルな」国、あるいは権威主義国に委託したのである。逆に、オルバンは経済的にはかなりリベラルだった。実際、オルバンもハンガリーが「非リベラル」である必要があるのは、まさに自国の「競争力」を維持するためだと述べている[23]。

さらに、ドイツのキリスト教民主・社会同盟とオルバン首相が党首のフィデス・ハンガリー市民同盟（Fidesz《フィデス》）は、欧州議会内の同じグループである欧州人民党（ＥＰＰ）にとどまった。言い換えれば、両党は同盟関係にあるのである。ＥＵ内での亡命希望者の「再配置」については意見が対立したが、ユーロ危機から生まれた「競争力のある」欧州に関する経済的関心は共有していた。欧州政治を、ＥＵと同一視するリベラリズムと、欧州懐疑主義と同一視する非リベラリズムとの闘争という視点で考える傾向は、特に中欧において、中道右派と極右が収斂していく様相を見えにくくしていた。その結果、極右の思想がＥＵ自体のアジェンダを形成するようになっていった。

マクロンと「保護する欧州」

英国が国民投票でEU離脱を決めてからわずか1年足らずの2017年5月、エマニュエル・マクロンが、欧州について異なる展望を持つフランス大統領として選出された。マクロンは大統領選を「親欧州主義」と「欧州懐疑主義」、さらに広義には中道主義と「ポピュリズム」の選択として位置づけた。ブレグジット（英国のEU離脱）を決める国民投票を目の当たりにして、マクロンはEUが「開かれた」展望と「閉鎖的な」展望の間の新たなイデオロギー闘争の核心にあることを確認した思いだった。マクロンはEUを「開かれた」社会と世界、左派と右派の両方の欧州懐疑派を「閉鎖的な」社会と世界であると認識していた。大統領選挙の決選投票で対抗馬として出馬した国民戦線（現国民連合）のマリーヌ・ル・ペンに対する選挙戦略としては、その方法は成功した。

このように「開放性」についてのレトリックを使用したにもかかわらず、マクロンの欧州ビジョンは「保護」という考えが中心にあった。それは、欧州に広がる、脅かされているという認識が増大する事態への直接的な対応だった。マクロンは、2017年9月にソルボンヌ大学で行った演説で、市場から市民を守るためにユーロ圏を改革する「保護する欧州」(*Europe qui protège*) を提案した。マクロン大統領は就任直後に、中・東欧諸国に対し、欧州（EUを指していることであることは明らかだった）を「スーパーマーケットとして」扱わないようにと警告した(24)。マクロンは、フランスでは「ソーシャル・ダンピング」、つまり競争による基準引き下げと受け止められていたEUの規則である「海外派遣労働者の権利保護に関する法律案」の改革について協議していた。一方、中・東欧諸国は、「保護する欧州」が本質的には保護主義的なものであることを理解していた。

したがって、当初、「保護する欧州」は経済的保護に焦点を当てた中道左派の考えであった。自身の新党「前進（En Marche）」（現在の「再生」）を2016年に結成する前には、マクロンはフランソワ・オランド率いる社会党政権で経済相を務めていた。選挙運動期間中、マクロンは「左でも右でもない」急進的中道主義者であると主張していた。しかし、大統領に就任すると、右派の政治を行っているように思われた。特に富裕税を廃止し、労働市場を自由化したため、「富裕層の大統領」とみなされるようになった[25]。エリゼ宮の考え方としては、フランスが経済改革を進めれば、ドイツの信頼を勝ち取ることができ、そうすれば、マクロンはドイツを説得して、より再分配を行うEUに同意するよう説得できるかもしれないというものであった。

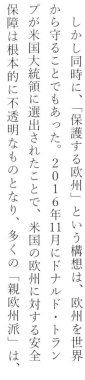

「保護する欧州」の構想は事実上、欧州統合事業に対するフランス中道左派のアプローチの核心である「社会的欧州」の構想を救済しようとする最後の試みだった。１９８０年代のフランソワ・ミッテラン大統領の時代以降、フランスの中道左派は、社会民主主義的な経済政策は今や欧州レベルでのみ可能であると考えていた。しかし、フランスはドイツに中道左派の経済政策を追求するよう説得するのにいつも苦労していた。とりわけ欧州単一通貨が誕生した後は、ドイツの政策選好を制度化したため、政府の借入や支出に関わる能力を制限されていた。オランド政権時代にドイツを説得して譲歩を引き出すことに失敗していたため、マクロン大統領はそうした新たな戦略で再度試みたのである。

エマニュエル・マクロン（1977-　）、ドナルド・トランプ（1946-　）

しかし同時に、「保護する欧州」という構想は、欧州を世界から守ることでもあった。２０１６年11月にドナルド・トランプが米国大統領に選出されたことで、米国の欧州に対する安全保障は根本的に不透明なものとなり、多くの「親欧州派」は、自分たちが安全保障を依存するこの大国を、奇妙なことに、新たな脅威ともみなすようになった。（同様に、ＥＵも第二の安全保障の担い手として英国に依存していたが、英国を脅威と見なし、あるいはＥＵを取り囲む「不安定な弧」の一部と見なす者もいた）[26]。このことは、現状打破勢力《リビジョニスト》のロシアや台頭する中国の脅威認識とともに、１９２０年代にまで遡る「地政学的」欧州という考え方の復活につながった。

特に、欧州の「戦略的自律性」、つまりＥＵは安全保障において米国から独立すべきだという考え方が盛んに議論された。「親欧州派」は「欧州の主権」についても語り始めた[27]。以前は、「親欧州派」は主権の概念を、時代錯誤、あるいは危険なものと否定し、米国を含む他の大国があまりにも「主権主義的」であると批判していたのである。しかし、ＥＵがより防衛的になるにつれ、親欧州派は主権を受け入れ始めた。そして、トランプ政権がイランに対して新たな制裁を課し、それが欧州企業にも影響を及ぼすことになったとき、その行為は「欧州の主権」の侵害と見なされたのである[28]。一連のインタビューや演説を通じて、マクロンは、より「自律した」欧州、あるいはより「主権のある」欧州を目指す代表的な提唱者となった。

しかし、ドイツはマクロンのユーロ圏改革の提案にも、より自律性のあるＥＵの構想にも応じなかった。ドイツの多くの人々は２０１７年の大統領選挙でル・ペンの健闘に驚き、マクロンの成功が必要だと認識していたが、ドイツはいずれの政策分野でも譲歩する気はなかった。そのため、メルケル首相はユーロ圏改革に関するマクロン大統領の提案を無視した。メルケル首相はまた、ＥＵが「より自律的」、あるいはより「独立した」形になるための支援もあまりしなかった。メルケル首相は２０１８年の演説では、欧州はもはや英国や米国に依存することはできず、「自らの手で運命を切り開く」必要があると述べたが、防衛支出を増額することや、ドイツの中国やロシアへの経済的・エネルギー的依存を減らすことはほとんどしなかった。

マクロンが２０１７年の大統領選挙に出馬した際、経済問題では既にやや右派的と見られていたが、文化問題では左派的であると一般に受け止められていた。２０１５年11月のバタクラン虐殺事件（パリ同時多発テロ事件）を含む一連の恐ろしいテロ事件がフランスで発生し、非常事態宣言が発令されたにもかかわらず、マクロンはそれを利用しようとしなかった。大統領就任後、マクロンはフランスでの亡命申請を難しくする措置を導入するとともに、２０１６年にいわゆるバルカン・ルートが閉鎖された後、亡命希望者が今度は多数、小さな船舶で地中海を渡って到着するようになったイタリアとギリシャを支援することもほとんどしなかった。しかし、マクロンは、オルバン首相のキリスト教欧州というビジョンを否定し、オルバンが「イスラム教徒の侵略者」と呼ぶ亡命希望者の「再配置」の受け入れを拒否する加盟国を批判したのである[29]。

しかし、ドイツとの協議で何の成果も得られないと、マクロンの文化的問題に対するアプローチは変化した。マクロンは２０１９年秋、極右雑誌『*Valeurs Actuelles*』のインタビューに応じ、「我々のモデルの失敗は、イスラムが経験している危機と結びついている」という見出しとともに、その表紙を飾った。翌年、中学教師のサミュエル・パティ氏が授業で（イスラム教預言者ムハンマドの風刺画を生徒に見せたことに対する報復として）チェチェン出身の18歳の少年に首を切られて殺害された事件を受けて、ル・ペンからの圧力が強まる中、マクロンは「イスラム分離主義」（フランス法を無視しイスラム法に従うイデオロギー＝訳者注）を阻止するための措置を講じた。特に、「フランス共和国とその価値を守る」ためとして、フランス国内のモスクとイマーム（導師）に対する国家管理を強化する措置を導入した。言い換えれば、「保護する欧州」は経済的保護ではなく、むしろ文化的保護の意味で再び見出されたのである。

欧州的生き方

政策的な争点が経済問題から文化的な問題へと移っていく中で、マクロン大統領の「保護する欧州」構想の展開は、欧州全域で起きていたことの凝縮版だった。特に難民危機以降、極右勢力が強くなり、中道右派はそのレトリックや政策を模倣し、特にアイデンティティやイスラム、移民の問題に関して、第1章で述べたように、「エスノリージョナリズム」とも呼ぶべき「親欧州派」のバージョンを作り出していた。このような中道右派と極右勢力の収斂を生み出したのは、メルケル首相の「競争力のある」欧州というビジョンとオルバン首相のキリスト教的欧州というビジョンが入り混じったEU、言い換えれば、経済的には新自由主義的で、文化的には保護主義的な欧州であった。

南北だけでなく東西にも分断されるようになったEUでは、極右はどこでも台頭しているように思われた。ドイツでは、（ユーロからの離脱等を訴えて結党した）AfDが難民危機後に反移民政党として再出発し、2017年の連邦議会選挙で初めて議席を獲得しただけでなく、野党第1党となった。南欧諸国では2010年代前半に台頭したのは左派政党が中心だったが、今や極右政党も台頭し始めた。特にイタリアでは、（右派の）「同盟（Lega）」は2018年、（インターネットへのアクセス権や最新技術の活用を重視する）「テクノ・ポピュリズム」政党である「五つ星運動」が率いる政権に参加した[30]。この台頭を受けて、中道右派の政治家は、オランダのマーク・ルッテ首相のように極右の政策の要素を取り入れたり、オーストリアのセバスチャン・クルツ首相のように極右政党と連立を組んだりした[31]。

欧州における中道右派と極右の区別が曖昧になったことを背景に、「親欧州派」は文明の思考を強めた。サミュエル・ハンチントンは１９９６年の著書『文明の衝突』で、西欧と中国、イスラムとの対立を予測していた。ハンチントンの影響を受け、トルコ加盟に関するフリッツ・ボルケスタインのコメントが示すように、９・11米国同時多発テロ以降、すでに文明の衝突という観点から考える者もいた(32)。ＥＵが２０１０年代後半に、ＥＵに対する脅威を文化的な観点からとらえるようになると、この種の文明思考はさらに広まった。しかし、大西洋主義者がハンチントンのように西欧文明という観点から思考したのに対し、１９２０年代に遡る伝統に基づく多くの「親欧州派」は、欧州を米国とは異なる文明、さらには米国に脅かされる文明と想定していた。

２０１９年には、ドイツのキリスト教民主同盟（ＣＤＵ）のウルズラ・フォン・デア・ライエンが欧州委員会の新委員長に就任した。メルケル内閣の国防相だったフォン・デア・ライエンは、欧州委員会により民主的な正当性を与えるため、その5年前に導入された新制度に基づいて導入された、委員長候補である「筆頭候補《シュピッツェンカンディダート》」(*Spitzenkandidat*)の一人ではなかった。しかし、フォン・デア・ライエンは熱烈な「親欧州派」とみなされ、マクロンから妥協の候補として提案された。法の支配を弱体化させたとして、ＥＵはハンガリーに対して制裁措置の手続きに入っていたにもかかわらず、依然として欧州人民党（ＥＰＰ）の一員であったポーランドの「法と正義」とフィデス・ハンガリー市民同盟の票の助けを借りて当選した(33)。その際、フォン・デア・ライエンは「地政学」委員会の設置を約束した(34)。フォン・デア・ライエンの意図が、地政学的な欧州という１９２０年代の考えへの回帰なのかを含めて全く不明だったが、この考えは、より強力な欧州を端的に表す表現として「親欧州派」に受け入れられることになった(35)。

ウルズラ・フォン・デア・ライエン
（1958- ）

フォン・デア・ライエンの新委員会には、副委員長の一人として、ギリシャのマルガリティス・スキナスが任命された。その職務は、移民政策などの担当であり、肩書きには「欧州的生き方を推進する」担当とあった。この新しい役職が提案された当初、その肩書きには「保護する」という言葉が含まれていた。この言葉は、マクロンが使用して以降、評判は良かったが、欧州議会議員の一部の反対を受けて、欧州委員会は、「保護する」をあまり防衛的ではない「推進する」という言葉に変更することに同意したのである(36)。しかし、新委員長の肩書きで本当に問題だったのは、動詞の正確な選択ではなく、むしろ「欧州的生き方」という概念そのものであり、特にこの言葉が移民と結びついていることだった。

「欧州的生き方」とは、市民的、民族的・文化的、あるいはその両方の混合的な欧州のアイデンティティを指す曖昧な言葉であった。一部の「親欧州派」は欧州統合事業の初期段階において、EUの社会的経済モデル、特にそれが表現する連帯の原則、言い換えれば、欧州のより市民的な考え方を捉えるために、このフレーズを使っていた。例えば、2001年、社会党選出のフランス首相リオネル・ジョスパンは、このモデルに基づく欧州特有の生活様式について語っていた(37)。しかし、この言葉が移民と結びついたことで、EUが「欧州的生き方」をより文化的な意味で理解していることが明らかになった。移民は単に管理すべき困難な問題ではなく、欧州的生き方に対する脅威であることを明確にしたのである。

とりわけ、この防衛的な文明主義は、EUの南の「近隣諸国」に対するアプローチの変容につながった。それ以前の、より楽観的だった時期には、EUは貿易や援助、技術支援によって北アフリカ諸国を変革することを目指していた。しかし、特に2015年以降、EUの対アフリカ政策が移民の減少に重点を置くようになると、ロデリック・パークスが言うところの「高圧的な関与」から保護主義へと変化した。「EUの近隣諸国に対する姿勢は徐々に移民への恐怖という1つの概念で説明できるようになった」とパークスは2020年に書いている[38]。EUは、初の制服を着た業務であることを誇らしげに宣言した欧州国境沿岸警備機関「フロンテックス」(Frontex)を拡大し、隠蔽を含む不法な「追い返し」をはじめとして、欧州に到達する移民を阻止するためにより積極的な措置をとったのである[39]。

EUの「近隣」における移民と権威主義勢力による脅威は、移民の「武器化」という考え方の形で融合することになる。2016年に合意された協定の履行をめぐってEUとトルコの間で論争が起きる中、トルコのレジェップ・タイイップ・エルドアン大統領は、難民がギリシャに渡るのを許すことを使って脅しをかけた。2021年5月、スペインが西サハラ独立運動の指導者に医療支援を提供した後、モロッコ政府は約1千人にスペイン領セウタへの入国を許可した。その後、同年にEUがベラルーシに制裁を課すと、ベラルーシは数千人の亡命希望者をポーランド国境まで護送したため、亡命希望者は乱暴に押し返されることとなった。スキナス副委員長のような当局者は、移民を「ハイブリッド脅威」と呼び始めていた。EUの境界がさらに軍事化されることを示唆する言葉だった。

EUの防衛的な文明主義は、欧州の外交政策の議論にも広く影響を与えることになった。脅威に囲まれているという感覚は、「戦略的自律」や「欧州の主権」に関する議論に反映されてきていた。他方、「地政学的」欧州という考え方は今や、文明主義的な観点からも見られるようになっていた。マクロン大統領は2019年にパリで開催された世界各国に駐在するフランス大使会合で演説し、フランスが主導するEUが「欧州文明の事業」と呼ぶものを追求していく必要性を語ったのである[40]。演説の中でマクロンは欧州文明を、米国の文明とは同じヒューマニズムを共有せず、中国文明とは同じ価値観を共有しないと区別していた。

マクロン大統領は、フランスの目標は欧州文明を「再創造」し、EUを中国と米国の間の均衡国家ー(*puissance d'equilibre*) にすることだと語った。これは、国際政治における「第三勢力」として欧州を位置付ける冷戦的認識の21世紀版というべきものだった。EUが大胆な行動をとらなければ、「欧州は消滅するだろう」とマクロンは悲観的に警告した。このように、州の外交政策に関する議論は、「グレート・リプレイスメント」(大代替)という恐怖に基づく移民に関する議論のように、その国際政治版に似ていたのである。ホワイト・リプレイスメント論(白人代替論)が「民族の消滅」の恐怖に基づいていたように、外交政策に関する議論も、欧州人が団結して世界で自らを主張しない限り、他の大国に取って代わられてしまうという類似した考え方に駆り立てられていた。

ウクライナ戦争

2022年2月のロシアによるウクライナ侵攻は、EUにとって戦略的な衝撃だった。ウクライナ東部のドンバス地方での紛争は2014年以来ほぼ10年間続いていたが、EUはプーチンの劇的なエスカレーションにほとんど備えていなかった。ポーランドやバルト諸国は以前から、EUがロシアに対してより厳しい姿勢をとり、ウクライナをより強力に支援するよう求めていたが、フランスやドイツなど他の加盟国はこれに抵抗していた。ドイツの新首相オラフ・ショルツは、侵攻から2日後の演説で、「世界はもはや、これまでの世界と同じではない」と述べた[41]。この言葉は、ロシアの侵攻について、ドイツの責任を免れるのに都合よいとらえ方だった。とりわけ2014年以降もロシア産ガスへの依存度を下げることができなかったことをはじめ、ドイツが過ちを犯したと認めるのではなく、ショルツ首相は単に状況が変わっただけだと示唆したのである。

この言葉はまた、この危機を欧州中心主義的にとらえる方法でもあった。結局のところ、ドンバ

オラフ・ショルツ（1958- ）

スにおける紛争のほかにも、この10年間、国際政治はより緊張に満ちたものになっていることを示す紛争は世界各地で起きていた。２０１１年に勃発したシリア紛争では、ロシアによるアサド大統領への軍事支援もあり、50万人が死亡していた。しかし、ウクライナの紛争は、こうした世界の他の紛争とは異なるものと見られていた。アナリスト、コメンテーターや記者たちは、このような残忍な紛争が「文明化した」欧州で起こり得たことに衝撃を表明していた。欧州を、そうした紛争がある意味で日常茶飯事であったり、防ぐことができなかったりするような「未開」の世界と異なると暗黙のうちに対置していたのである。

　ウクライナでの戦争は、欧州が脅かされているという感覚をさらに強め、ジョセップ・ボレル上級代表が言ったように、ＥＵはより「地政学的」になる必要がある、あるいは「力の言葉を話すことを学ぶ」必要がある、というコンセンサスを強固なものにした。ただ、この言葉が正確に何を意味するのかははっきりしなかった[42]。この戦争は、ＥＵがその安全保障をいかに米国に、次いで英国に依存しているのかをあらためて示した。ショルツ首相はドイツの国防費の大幅増額を発表するとともに、ＥＵも初めて武器の購入と輸送に初めて共同で資金を拠出し、いずれも画期的な出来事と思われた。ＥＵはまた、ロシアのエネルギーへの依存度を減らすための措置を取り始め、他の生産国からガスを購入する措置をとったが、他方で発展途上国で突然の供給不足を引き起こしてしまったのである。

　それまで経済的にも政治的にも軍事的にもウクライナを支援することをためらっていたＥＵは突然、心からウクライナを受け入れた。ウクライナは欧州、あるいは「欧州的価値」を守る、あるいはそのために戦っていると広く思われていた。欧州委員会のウルズラ・フォン・デア・ライエン委員長は、ウクライナ人は「われわれの仲間」であり「われわれに含まれている」と宣言し、ウクライナができるだけ早くEUに加盟できるよう支援することを約束した[43]。しかし、フォン・デア・ライエンをはじめとする「親欧州派」は、ウクライナがどのような欧州や「欧州的価値観」を守り、あるいは戦っていると考えているかを具体的には語らなかった。「欧州的価値観」という考え方は、どちらかといえば曖昧で融通無碍《ゆうづうむげ》なものだった。特に、領土保全や国家主権といった、EUが従来曖昧にし、超越したと考えられてきた概念も含まれるようになったのである。

1989年の中・東欧革命の受け止め方と同じように、ロシアの侵略と戦うウクライナは、ナショナリズムというよりむしろ民主主義的な視点で捉えられた。20世紀におけるウクライナのナショナリズムの複雑で問題の多い歴史や、2014年以降、ドンバス地方での戦闘の多くが、ウクライナ国家警備隊に統合されたネオナチの民兵組織であるアゾフ連隊によって行われ、その兵士たちはおそらく、欧州の市民的理念のために戦っているわけではない、という不都合な事実にもかかわらず、そのように受け止められていた[44]。ウクライナのある高官はBBCに対し、この状況が非常に感情的だったのは、殺されているのが「青い目とブロンドの髪をした欧州の人々」だったからだろうと語った[45]。

ウクライナ戦争に対するこの種の人種差別的反応は、ウクライナからの難民に対するEUのアプローチにも影響を与えたと思われた。EUは、地中海では移民を残酷に押し返し続ける一方、ウクライナから逃れてきた難民には国境を開放し、並外れた支援を提供した[46]。ウクライナからの難民に示された寛大さと、アフリカや中東から来た難民の扱われ方との明暗は、ポーランドの場合では特に極端だった。ウクライナ難民への支援が亡命希望者全般に対するEUの新しい、より人道的なアプローチの始まりになるのではないかと期待する向きもあった。しかし、現実にはPiS政権が追求した政策は、2015年の難民危機の際の政策、つまり民族的・文化的連帯感に基づく政策と変わらなかったのである(47)。

ロシア侵攻後の数か月間、より「地政学的」欧州を求める声は、しばしば文明主義的な観点で上がった。例えば、ボレル上級代表は2022年5月の演説で「欧州文明を守りたいのであれば、私たちには統合が必要だ」と述べた(48)。この文脈では、「親欧州派」はロシアを文明的・イデオロギー的「他者」として構成する傾向があった。第3章でも見たように、これは冷戦時代のソ連に対する認識と似ていた。例えば、EU独自の外交政策シンクタンクであるEU安全保障研究所のフローレンス・ガウプ副所長はドイツのテレビ番組で、ロシア人は「欧州人に見える」かもしれないが、「文化的意味」では欧州人ではなく、なぜなら欧州人と同じようには人命を尊重しないからだ、と述べた(49)。

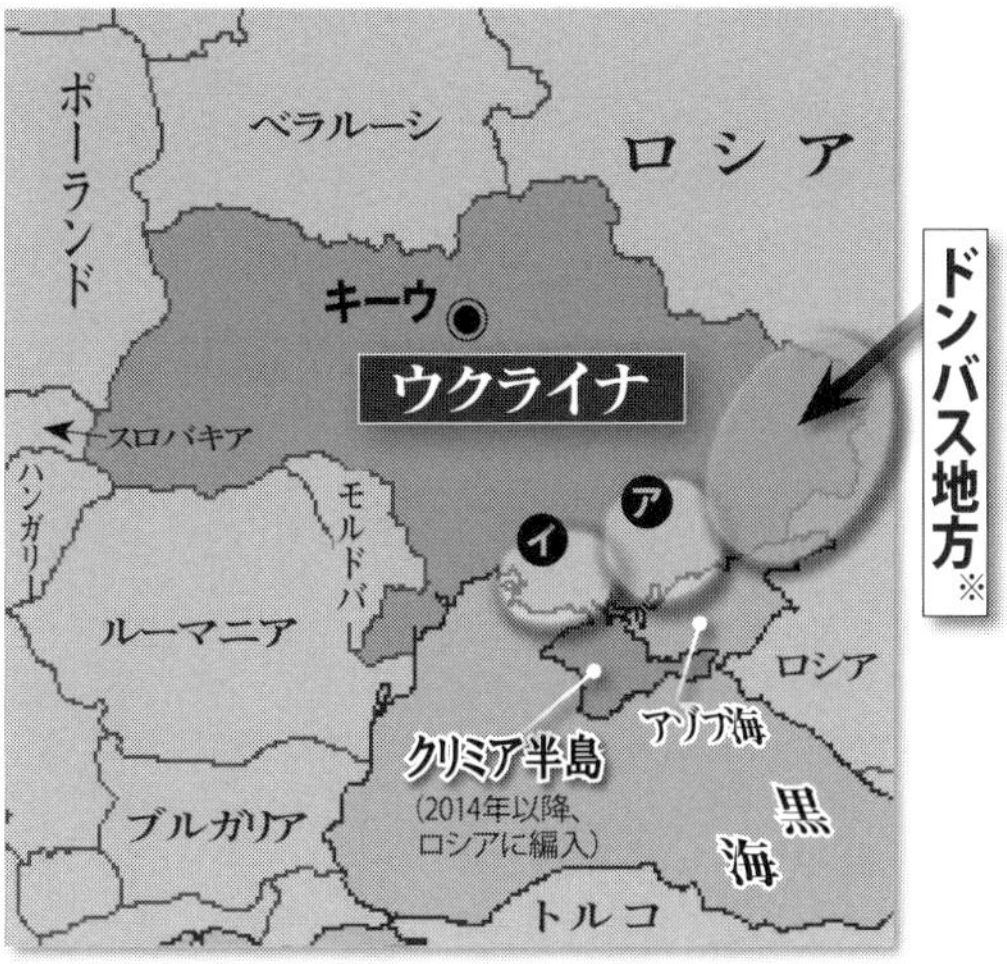

※「ドンバス(地方)」とは、ウクライナ東部のルガンスク州、その南のドネツク州を指す。ただし、ロシアのウクライナ侵攻により、ロシアは両州の併合を宣言。また、ドネツク州に隣接するアザポリージャ州、イヘルソン州についても、ロシアは2022年に併合したとの立場をとる。　(編集部)

EU内の政治力学の変化についても多くの憶測が飛び交った。特にアナリストらは、フランスとドイツが道徳的権威と信頼を失ったと広く信じられているため、EUの重心がフランス、ドイツ両国から失われるのではないかと分析していた。なぜなら、両国はロシアを抑止するためにより厳しいアプローチを取らなかったためであり、ポーランドのような中・東欧諸国には先見性があり、その主張の正当性が認められたと考えられたためだった(50)。ウクライナ戦争が始まるまで、EUはハンガリーともポーランドとも法の支配をめぐって対立していた。ウクライナ戦争が始まった後も、ＥＵはプーチンの盟友と目されたオルバン首相に制裁措置手続きを取り続けた。他方、ポーランドには突如、同じ「欧州的価値観」、特に民主主義を共有する最前線の加盟国と見なすようになり、それまで対立してきたＥＵは和解への動きを模索し始めたのである。

多くの「親欧州派」は、ウクライナ戦争がＥＵにとって変革の契機になるとみていた。特に、ＥＵを「再発見」あるいは「再創造」する機会だと考える人が多かった。ボレル上級代表が言うように、ウクライナ戦争はＥＵに新たな目的意識を与え、ＥＵが「運命共同体」（*Schicksalsgemeinschaft*）であることを示したように思われた[51]。しかし、「親欧州派」がＥＵの再構築を望む一方で、欧州では極右勢力が台頭し、極右政権を擁するポーランドはＥＵ内で影響力を増していた。ウクライナ戦争は、２０１０年のユーロ危機から始まった危機の10年間に、既に防衛的になっていたＥＵを、明らかにより一層防衛的にした。ウクライナ戦争が、欧州統合事業における文明の転換を今後強めていくことになるのかどうかは、まだわからないだろう。

第6章 英国のEU離脱（ブレグジット）と帝国健忘症

Brexit and Imperial Amnesia

ブレグジット（英国のＥＵ離脱）は白人の怒りの表明として広く理解されている。ブレグジットは移民排斥論者の反乱であり、ＥＵが象徴すると考えられている多様性と開放性への拒絶であり、帝国への郷愁の表明であると考えられている。ドナルド・トランプが米国にかつてあった人種差別を懐かしむ米国の白人を表現していたように、ブレグジットは英国人の間で、大量移民が始まる１９５０年代以前の時代、つまり白い英国（白人の英国）への憧れを表現していると広く見られている。ＥＵ離脱後の英国の世界における役割について保守党政府が掲げたスローガンである「グローバル・ブリテン」という言葉にも、まるで英国が植民地の再獲得を望んでいるかのような、あるいは計画しているかのような、新帝国主義的な事業と見る向きも多い。ブレグジットを批判する人たちの中には、「帝国2・0」を口にする人さえいる。

ブレグジットに関するこのような見方は、2016年以降、中道派の間で広まった、世界を極めて単純化した二元論で捉える傾向の一部である。特に、政治はリベラリズムと非リベラリズム、ナショナリズムとインターナショナリズム、あるいは社会や世界に対する「開かれた」ビジョンと「閉ざされた」ビジョンの争いという観点から捉えられてきた。しかし、皮肉なことに、中道派が批判するポピュリストの二元論的世界観を模倣したものである。実際、中道派は、ナショナリズムとグローバリズムのような二項対立で物事を考えることが多い。この二元的世界観の中心にあるのがポピュリズムの概念であり、ブレグジットはこのプリズムを通して見られてきた。しかし、ポピュリストと呼ばれる世界中の人物、運動や政党とは異なり、ブレグジットは一つの決定事項である。それが、その意味をよりつかみどころのないものにしている。

最後の第6章では、ブレグジットの意味が、トランプ大統領を生み出したような移民排斥論者の反乱という考え方で示唆されることよりも、はるかに複雑でオープンエンドのものだということを論じる。例えば、EU離脱に賛成した英国の少数民族の人たちの一部にとって、ブレグジットは人種差別の表明というよりも、その反対、つまり人種差別的とみられるブロックに対する拒絶だった。英国とコモンウェルス、そしてEUとの長く複雑な関係、特にEU加盟後の移民政策の変化は、ブレグジットが移民受け入れの拒否ではなく、むしろリバランシング（再均衡）として理解することができることを示唆している。最後に、ブレグジットは英国が植民地時代の過去との関わりを深める機会とも見なすことができる、と結論として考えている。

ブレグジットのつかみどころのなさ

ブレグジットの意味を捉えることはほとんど不可能だ。ＥＵ離脱をめぐっては、さまざまな政治主体からさまざまな主張がなされた。しばしば忘れられたり、否定されたりすることがあるが、左派的ＥＵ離脱の主張もあれば、右派的なＥＵ離脱の主張もあった。民主主義や主権をめぐる主張など、左翼・右翼という言葉で分類するのは難しい主張もあった。２０１６年６月の国民投票では、１７４０万人がＥＵ離脱に投票した。離脱賛成派がＥＵ離脱に投票した理由について調査すると、極めて複雑な図式が浮かび上がった。それでも、英国内外の多くの論者やアナリストは、ブレグジットの意味を単純化し、誤解を招くような判断を下した。

2020 年 1 月 31 日の英国の各新聞。2016 年 6 月の国民投票からのさまざまな経緯を経て（この間に首相は、デーヴィッド・キャメロン、テリーザ・メイ、ボリス・ジョンソンと代わった）、同日、英国は EU から離脱。（編集部）

まず始めに、政治の供給側と需要側を区別する必要がある。一方では政治家がおり、他方では有権者がいる。選挙運動家や政治家が提供するものと、有権者が求めるものとのギャップは、国民投票の場合は特に大きかった。有権者は、政策的立場を示すマニフェストを掲げた政党間の選択をしたのではなく、ＥＵを離脱するか残留するかという単純な質問に答えたので

ナイジェル・ファラージ
（1964- ）

ある。にもかかわらず、ブレグジットの意味はしばしば、ナイジェル・ファラージのような個人の見解、あるいはEU離脱に投票した1740万人のうち「白人労働者階級」のような特定の属性の見方に単純に還元されている。

政治家に限ってみても、その様相は複雑だ。2つのキャンペーンがあった。すなわち、ボリス・ジョンソンなど保守党の政治家が支持し、EU離脱の経済的主張に重点を置いた公式の離脱運動団体「ボート・リーブ（離脱に投票を）」キャンペーンと、実業家のアーロン・バンクスが創設した、移民問題に重点を置いた非公式の離脱運動（「リーブ・EU」）キャンペーンである。英国独立党のナイジェル・ファラージ党首も事実上、独自の離脱運動を展開し、その中には、難民申請者を思わせる非白人が多数列をなして待つ様子の写真を掲載した悪名高い「限界点（ブレーキング・ポイント）」のポスターも含まれていた。このポスターは、ブレグジットが人種差別主義であると認識される証拠として頻繁に引用された。だが、国民投票が実際に影響を及ぼし得るのは、難民政策ではなく、移動の自由（すなわち、EU域内からの移民）だったのである。

ジョンソンとファラージは英国の歴史について問題のある言葉で語ったが、その発言を帝国への憧れと見るのは安易に過ぎるだろう。ロバート・サンダースが示したように、帝国が「欧州統合の賛否をめぐる議論で想起され、言及され、忘れ去られてきた」現実は、新植民地事業としてのブレグジットという考え方が示唆することよりもはるかに複雑である[1]。右派の離脱派は、帝国を称え、その新しいバージョンを想像するのではなく、英国史における帝国の重要性を最小化して考える傾向があった。右派の離脱派は「英国史について、『帝国的』ではなく『グローバルな』英国史の英雄的な見方であり、帝国の復活をあまり語ることはなく、自由貿易の盲目的崇拝に基づく「アングロ圏（the Anglosphere)」を語る傾向があった[2]。問題は、帝国への憧憬ではなく帝国の健忘症、すなわち、帝国への憧れではなく、帝国を「忘却」してしまうことだったのである[3]。

帝国の記憶は、EU残留派の考え方にも影響を与えていた。例えば、大英帝国について肯定的に語ってきた人物の中には、デイヴィッド・キャメロン（元首相）やトニー・ブレア（元首相）がいる[4]。特にEU残留派の多くは、EU加盟は帝国喪失後も英国が「自国の重みを超えて影響力を持ち続ける」ための手段だと考えていた。このような議論は1975年の最初の国民投票にまで遡る。当時、加盟賛成派の有力者は、植民地を失った英国が世界における力と影響力を維持できるのは、EC加盟によってのみ実現できると主張していた。保守党党首のマーガレット・サッチャーは、EC加盟によって英国が世界を「文明化」する役割を継続できると明確に主張した[5]。こうして欧州は、サンダースが言うように「英国の帝国的野望のための新たな手段となった」[6]のである。

デイヴィッド・キャメロン
（1966‐ ）

トニー・ブレア
（1953‐ ）

ブレグジットの需要側、つまりEU離脱支持に投票した有権者の動機に関する議論は、一般的にポピュリズムの経済的・文化的要因の相対的重要性の議論が中心となっている。経済的要因には、賃金の停滞、製造業の雇用喪失、格差拡大、経済的不安定や「不確実性」が含まれている。文化的要因としては、1960年代以降の進歩的価値観の変化への反発、移民への怒り、人種差別やイスラム恐怖症などが挙げられる。2016年の国民投票直後には、文化的要因と経済的要因の競合という観点から議論されることはしばしばあったが、現在では、双方の要因が一定の役割を果たし、複雑な形で相互に作用したというコンセンサスが生まれている。

政治学者の中には、ブレグジットの文化的原因と2016年のトランプ米大統領当選の間に共通点を見出す者もいる[7]。これらの分析では、英国の移民に対する態度は、トランプ当選に明らかに貢献した人種差別的敵意と類似していると見なされている[8]。しかし、この2つのケースはやや異なると考える理由がある。ブレグジットの状況における移民に関する議論の中心は、EU域外からの人々の合法的・非合法的な移民のことではなく、EU域内における移動の自由に関わるものであり、これは米国における移民に関する議論とは全く異なるものだった。このため、移民に関する懸念を、非白人に対する人種差別、あるいは英国が多数派と少数民族の国になることへの懸念の端的な表現とは見なし難いことだった。

より説得力があるのは、ブレグジットとトランプ当選の経済的要因という点だろう。英国と米国は、マーガレット・サッチャーとロナルド・レーガンにさかのぼるまで、驚くほど類似した経済的軌跡を辿ってきた。このことは、ブレグジットとトランプに投票した人々が表明した怒りの一部を説明するのに役立つ。とりわけ1980年代以降の新自由主義的な経済政策は、両国で西側諸国のどこよりも大きな格差の拡大をもたらした。いずれの国でも、製造業に特化していた地域は、新興諸国との競争、特に「チャイナ・ショック」に大きな打撃を受け、このことがブレグジットとトランプをもたらす政治的分極化につながったとする研究もある[9]。

しかし、ブレグジットを文化的・経済的要因から考えることは、英国のEU加盟に関する議論の中心だった民主主義への懸念を考慮する余地をほとんど残さないことになる。「主権」に関する有権者の懸念はしばしば、「国家」主権の観点から捉えられ、（リバタリアンとは対照的な）権威主義的価値観を示すものとして理解された。特にＥＵが「コスモポリタニズム」と同一視されたからである。しかし、こうした懸念は「一般大衆の」主権に関するものでもあり、多くの英国国民は、正しかろうが間違っていようが、国家主権と密接に結びついていると考えていた。このように、主権に関する懸念は、「ポピュリズム」のプリズムを通してブレグジットを見る一部の人々が抱くような「権威主義的な反映」ではなく、「民主的な反映」、とりわけ民主主義が空洞化したという感覚を示している可能性がある。

最後に、国民投票運動や選挙運動、有権者の行動分析だけでなく、ブレグジットの深層の要因を理解しようとする重要な試みもなされてきた。例えば、ヘレン・トンプソンは、２０１０年にユーロ危機が発生し、「英国のＥＵ加盟の持続可能性に時限爆弾が突きつけられた」後、英国とＥＵの関係がどのように発展してきたかを見れば、ブレグジットはある意味で避けられなかっただろうと論じた[10]。とりわけ「英国がユーロ圏のオフショア金融センターを持ちながら、ＥＵのユーロ非導入国という立場が生み出した政治経済」は、ブレグジットを「最終的に不可避」としたとトンプソンは主張する[11]。英国が遅かれ早かれＥＵを離脱することは不可避だったかもしれないにせよ、ＥＵ域外での英国の将来は未定のままなのである。

「白人の要塞」としてのＥＵ

ブレグジットが人種差別の表れであるという考え方に疑問を投げかける、あるいは少なくとも複雑化させる、ブレグジットを語る上で重要でありながらもあまり議論されていない要素のひとつが、英国内の民族的な少数派が持つ、ＥＵに対する複雑な態度である[12]。国民投票では、黒人系とアジア系の英国人の３分の１はＥＵ離脱に投票し、その数は約１００万人に相当する[13]。その多くは、白人の有権者と同様の理由でEU離脱に投票したと思われる。ところが、国民投票後の質的調査によると、一部の非白人英国市民にとっては、欧州大陸における人種差別の独特な経験や、EU自体の人種差別に対する認識が、投票の選択に寄与したことが明らかになっている。このように、少なくとも「一部の」英国市民にとって、ブレグジットは白人の怒りの表明ではなく、その逆、つまり、人種差別的であると認識されているEUというブロックへの拒絶だったのである。

ニーマ・ベガムが指摘したように、EU離脱に投票した英国内の民族的少数派出身者の多くは、他のEU加盟国が「より人種差別的、あるいはイスラム恐怖症」であり、「民族的少数派の権利は英国での方がより守られている」と考えたからだった(14)。彼らは、民族的・宗教的少数派として「他の欧州諸国の方がより人種差別的」と考えたため、EUから離脱した方がより良い暮らしができると思ったのだった(15)。特に、イスラム教徒の女性の中には「男女平等を推進しようとするEUの試みで安心するよりも、一部のEU加盟国で導入されているヒジャブやブルキニの着用禁止に懸念を抱いている」人もいた。彼らのEUに関する認識は難民危機にも影響を受けており、難民申請者を恐れているのではなく、難民申請者に対するEUの取り扱い方に困惑していたのである。

難民政策に限らず、非白人の離脱支持者の見解は、EU離脱の決定において移民が果たした役割に関する一般的な理解を複雑にしていた。特に、非白人の離脱支持者は、EU域内の移動の自由を、非白人に対する間接的な差別の一形態としばしばみなした。非白人の離脱支持者にとって、EU市民が容易に英国に移住し、英国で働くことができるのに比べて、コモンウェルス諸国から自分の家族を英国に呼び寄せて住まわせ、あるいは英国を訪問することさえ難しいことが著しく対照的だと考え、困惑していた。その結果、非白人の離脱支持者は、EUが白人移民を容易にする一方、非白人の入国を妨害する「白人の要塞」と見ていたのである[16]。

非白人の英国国民の３分の２は、ＥＵ残留に投票した。しかし、彼らも自分が欧州人であるとはそれほど強く思っていなかった。「彼らは欧州人を白人のアイデンティティだとみており、自分たちが含まれているとは感じていなかった」とベガムは書いている[17]。欧州人としてのアイデンティティを共有するという考え方は、欧州人としてのアイデンティティよりも英国人としてのアイデンティティの方が強い英国内の民族的少数派の人々には響かなかった[18]。白人の残留派はＥＵを開放性と進歩性を体現しているとみなすことがしばしばあったが、こうした認識は英国内の民族的少数派の人々には共有されなかった。むしろ、ＥＵを一種の「白人保護主義」と見ていた。非白人が欧州にやって来ることを阻止し、また共通農業政策のような経済政策を通じて、アフリカの農業に壊滅的な影響を与える一方で、欧州の農家に補助金を与えているからである[19]。

他の質的調査でも、ＥＵの他の地域に住んだ経験がある非白人英国人の経験が記録されている[20]。そこでは、欧州大陸への移住がしばしば「カルチャーショック」と表現されていた[21]。英国でも人種差別を経験した非白人英国人は多かったが、欧州大陸ではより悪意に満ちた人種差別を経験し、人種差別全般に対する意識が低いと感じていた。あるインタビュー対象者は、その経験を「気圧の違い」にたとえ、欧州のいくつかの国を旅行したときに「空気塞栓症」、つまり気圧の急激な変化によって引き起こされる病気にかかったようだったと語った[22]。特に、欧州大陸諸国における人種差別は、英国では随分前に消滅した種類のものだとインタビューで答えている。要するに、欧州大陸は人種差別への取り組みにおいて英国に遅れをとっていると考えていたのである。

中東欧諸国は、非白人に対して特に敵対的であると認識されている。実際、２０１２年にＢＢＣが放映したドキュメンタリー番組で、英国人サッカー選手のソル・キャンベル（両親はジャマイカからの移民―編集部注〕は、ポーランドとウクライナで開催される欧州選手権に、人種的な攻撃を受ける危険性があるとして、非白人の英国人ファンに来場しないよう呼び掛けた[23]。英国チームの黒人選手2人は、そうした危険があるため、自分たちの家族も同行しないと語った。外務省も、アフリカ・カリブ系やアジア系のファンに対して「細心の注意」を払うよう勧告した。重要なことは、このようなアドバイスが正当であるかどうかではなく、多くの非白人英国人の間では、欧州大陸、特に中・東欧諸国が英国よりも人種差別的だという認識があることである。

非白人の英国市民もまた、EU機関内で人種差別を受けた経験を語っている[24]。英国のEU離脱の結果にとして起きたこととして、EU機関で働く非白人の人数が劇的に減少したことである[25]。特に、フランスやドイツなどの加盟国は民族別データを収集していないため正確な数字はわからないが、欧州議会における非白人の欧州議会議員の数は劇的に減少したように思われる[26]。このデータの不在は、非白人の英国人の間で、欧州大陸は人種差別問題への取り組みにおいて英国に大きく遅れをとっており、EU自体が解決というよりは問題の一部であるという認識を強めている。

人種差別問題への取り組みという点でも、英国が成し遂げたとされるその他の進歩のうち、EU加盟と関係があったものはほとんどない。英国が人種差別を違法化する法律を初めて導入したのは1965年のことで、ECに加盟する前であり、当時は他の欧州諸国にそのような法律がほとんどなく、EU自体も人種差別問題に取り組み始めていなかった[27]。EU残留を支持する、特に左派の主張の一つは、EUが英国国民の権利を保障しているというものだった。しかし、他の分野ではそうであったとしても、英国の非白人コミュニティーの間では、EUが人種差別から自分たちを守ってくれる、あるいは英国がEUを離脱すれば自分たちの保護が弱まるという感覚はほとんどなかったのである。

帝国と欧州の狭間の英国

ＥＵに対するこうした認識と、英国のＥＵ加盟問題の歴史的背景には、第二次世界大戦以降、英国の野心とアイデンティティの中心がコモンウェルスから欧州へと徐々に移っていったこと、言い換えれば、英国がより欧州中心主義的になっていったことがある。このことはしばしば、経済的な観点で、コモンウェルス貿易から欧州諸国との貿易へシフトしたことが語られてきた。これが、１９６０年代初頭にＥＥＣに加盟する決定の決め手となった要因であり、戦略的観点からの決定でもあった[28]。しかし、英国加盟の結果の一部として、英国の移民政策の転換という視点で語ることも可能だ。そうすることで、ブレグジットを「ポピュリズム」の一例として取り上げるのとは別の形で、国民投票運動期間中の移民に関する議論を照らし出すことができる。

クレメント・アトリー（1883-1967）、ジョージ6世（1895-1952）

第二次世界大戦直後に英国への大量移民が始まったとき、英国の植民地の市民は自動的に英国に定住する権利を持っていた。クレメント・アトリー率いる労働党政権が可決した１９４８年の国籍法は、「英国および植民地の市民」（または単に「英国市民」）という新しいカテゴリーを創設し、英国植民地の市民にも英国市民と同じ権利があることを確認した[29]。この法律はまた、インドやパキスタンを含む独立したコモンウェルス諸国の市民にも英国に定住する権利を認めた。１９４８年に西インド諸島から約５００人が英国に渡ってきたエンパイア・ウィンドラッシュ号到着以降の20年間で、カリブ海諸国やインド亜大陸から何十万人もの男女が労働力不足、特に１９４８年に労働党政権が創設した国民保健サービスの労働力不足を補うためにやってきた。

　１９６０年代に緊張が高まるにつれて、「新しい」（つまり非白人の）コモンウェルスからの移民が初めて制限された。女王を国家元首として維持している国もあったが、コモンウェルス加盟国のほとんどは独立国家となりつつあった。１９６２年に保守党政権が導入したコモンウェルス移民法は、コモンウェルス市民が英国に定住するために就労バウチャーを申請することを義務付けた。多数のアジア人がケニアから英国に逃げ込んだため、労働党政権は１９６８年にさらに制限を導入した。１９７１年の移民法は、１９６２年に導入された就労バウチャーに代えて労働許可証を導入し、事実上、コモンウェルスからの大規模な移民の時代は終わりを告げた。

　コモンウェルスからの大量移民の終焉は、ちょうど英国がＥＣに加盟したのと同じころだった。しかし、この２つの出来事が一緒に語られることはほとんどない。１９７１年移民法は、シャルルマーニュ賞を１９６３年に受賞した熱狂的な「親欧州派」である保守党のエドワード・ヒース首相が、一部にはＥＣ加盟に向けてコモンウェルス市民の権利を明確にする目的で導入した。英国がＥＣに加盟した１９７３年１月１日、移民法も同じ日に施行された。その結果、ローマ条約で定められた労働者の移動の自由の原則が適用され、ＥＣ加盟国の国民はコモンウェルス市民を含む非ＥＣ加盟国国民よりも優先されることになった[30]。それ以降、欧州市民が英国に定住することは徐々に容易になり、その権利も徐々に拡大した。他方、コモンウェルス市民は英国に定住することが徐々に難しくなり、その権利も次第に制限されていった。

エリザベス２世（1926-2022）
エドワード・ヒース（1916-2005）

こうした帝国以後のつながりは、１９７５年の英国のＥＣ加盟に関する国民投票でも議論の一部となった。当時も２０１６年と同様、左派も右派も欧州の問題をめぐって分裂していた。しかし、左派は右派よりもコモンウェルスを強く意識していた。例えば、１９６２年の労働党大会での有名な演説で、ヒュー・ゲイツケル党首はコモンウェルスが「５つの大陸にまたがり、あらゆる人種を網羅する独立国家からなる、この驚くべき多民族連合体」であると呼び、第3章でも見たように、バーバラ・キャッスルのような労働党の政治家の一部には、ＥＣ加盟をコモンウェルスへの裏切りだと考える者もいた[31]。こうしてコモンウェルスは、新植民地右派ではなく、「反植民地左派のためのリソース」となったのである[32]。実際、英国の右派の多くはコモンウェルスに批判的であった。コモンウェルスはローデシアと南アフリカの白人入植者政権に反対するための手段であり、英国への大量移民の原因であると非難していた[33]。

ヒュー・ゲイツケル
（1906-1963）

１９７５年の国民投票から冷戦終結に至るまでの間、英国はコモンウェルスからの移民と欧州からの移民の新たなバランスを見出したように思われた。しかし、マーストリヒト条約によって移動の自由が拡大し、すべてのＥＵ市民はどの加盟国に住む権利も与えられるようになった。英国は当初、このことを比較的楽観視し、２００４年に中・東欧諸国がＥＵ加盟して以降も、ブレア政権は同諸国からの入国者数に過渡的な制限を適用しないことを決定していた[34]。政府は同諸国から英国へ移ってくる人数を毎年５０００人から１万３０００人と見積もっていたが、実際は年間約5万人に上った[35]。同時に、英国はコモンウェルスからの移民にはさらに制限を課していた。例えば、２００３年以降、ジャマイカ国民は英国訪問にも、ビザの申請が必要になった[36]。

このような背景から、移動の自由、そしてより一般的な移民問題が、2000年代の英国政治において重大な問題となった。EU域内からの移民を管理できないため、保守党政権は、英国での難民申請者数を減らすための厳格な措置を講じるとともに、EU域外からの移民に対しても急進的なアプローチを取り始めた。テリーザ・メイ内務相は2012年、不法移民にとって「敵対的な環境」を作り出すことを試みた[37]。内務省がカリブ海からの移民第一世代の少なくとも83人を不当に拘束し、強制送還しようとしていたことが明らかになり、いわゆるウィンドラッシュ事件につながったのはこの政策によるものだった。

こうした歴史は、移民との関連でブレグジットを「ポピュリズム」の一例とみなす傾向によって形成されてきた従来の理解を複雑なものにしている。特に、英国のEU離脱を理解する別の方法を示唆する。すなわち、欧州中心主義から、欧州以外の世界、特にコモンウェルスへと重点を移す一種のリバランシング（均衡是正）、あるいは、第二次世界大戦後、徐々に欧州へシフトしてきたことに対する突然の部分的な逆転、あるいはそれへの是正である。このことが意味するのは、ブレグジットが一般に考えられているように、移民の徹底的な拒否でも、移民を減らすことでもなく、移民の受け入れ国を欧州から他の地域、とりわけコモンウェルスへとバランスさせようとする試みなのかもしれない。

テリーザ・メイ（1956- ）

実際、英国がEUを離脱して以来、EU加盟国からの移民が減少する一方、EU域外、特にコモンウェルスからの移民が激増し、全体として大幅な増加を招いている[38]。英国は2021年に香港からの英国海外市民（BNO）数十万人に対してビザを与えることに合意し、国民の圧倒的多数が支持した制度だった[39]。こうした動きは、ブレグジットを支持し投票した人々の意図にかかわらず、ブレグジット後に英国がより多文化的で多民族的な社会になるかどうかという問題を提起している。また、ブレグジット後の英国と植民地時代の過去との関係は、「帝国２・０」という考え方が示唆する以上に複雑で、より永続的であることも示唆している。

脱植民地化の欧州？

欧州にとって脱植民地化プロジェクトとはどのようなものなのか、言い換えれば、欧州がその植民地支配の過去と、より深く真剣に関わるとはどういうことか。ガーミンダー・バンブラは、それを探る論文の中で、欧州のアイデンティティの歴史に関する学問は「単純で勇気づけられるような現地の物語」を語る傾向があり、「欧州」を「平和的統合の表現であり、紛争と不平等の過去がいかに克服されうるかを示すもの」という見方を生み出してきたと論じている[40]。この物語は、欧州の植民地主義の歴史と遺産を見落としてきた。あるいは、第３章で述べたように、欧州史の対外的な教訓ではなく、域内の教訓に焦点を当ててきたのである。欧州をハーバーマス的な近代化の未完成プロジェクトの例として見るのではなく、バンブラは「脱植民地化の未完成プロジェクト」という観点から欧州を見ることを提案している[41]。

バンブラにとって、脱植民地化プロジェクトを完成する鍵は、欧州社会と国家を「構成要素」として帝国を認識することである。バンブラは、西欧の国民国家は、「帝国」国家として理解すべきであると主張する。欧州の国民国家をこのように捉えるには、単に帝国の過去、つまり欧州には帝国が「あった」ことを認めるだけでなく、こうした帝国が脱植民地化後に国民国家を形成した過程を理解することが必要である。欧州の植民地支配の過去とより深く関わることは、ポール・ギルロイが言うように、列強が植民地大国を深遠な方法で形成した「形成的経験」であったという認識を伴う(42)。帝国は「どこか別の場所で起こったこと」ではない(43)。帝国はむしろ、現在の欧州を作り上げたのである。

欧州の植民地時代の過去をこのように考えれば、域内的、対外的な意味で欧州自身に関する認識に相応の結果をもたらすことになるだろう。特に、旧植民地に対する欧州の責任について、これまでとは異なる考え方が生まれるだろう。援助や慈善の観点から考えるのではなく、補償や賠償の観点から考えることになる。バンブラは、1884年から1915年までドイツの植民地だったナミビアに対するドイツのアプローチの事例から論文を始めている。ドイツ連邦共和国（旧西ドイツ）は1950年代にはホロコーストに関する賠償の原則を受け入れていたが、2021年にナミビアに対して行った「和解の意思表示」は、賠償ではなく援助という枠組みで行われた(44)。そして、それは「欧州の脱植民地プロジェクトに関わるすべての国々」に共通した傾向だったのである。

EU自身がこのような脱植民地プロジェクトでどのような位置づけになるのかについては、これまでほとんど書かれてこなかった。カルチュラル・スタディーズやポストコロニアリズム研究の研究者たちは、認識論的、あるいは方法論的なナショナリズム、すなわち国民国家の枠組みを通して社会プロセスを理解しようとする傾向に批判的だった。その結果、ナショナリズムを克服し、よりトランスナショナルな観点で考える方法としての集団的な欧州的アプローチを、帝国健忘症の問題に対する解決策の一部とみなす傾向が生まれること

鎖でつながれたドイツ領南西アフリカ（現ナミビア）の人々。1904～08年に起きた先住民族（ヘレロ、ナマ〔ナマクア〕）の蜂起では、7万人以上が殺害。20世紀最初の「ジェノサイド（大虐殺）」とされる。　（編集部）

アウシュビッツ第２強制収容所（ビルケナウ収容所。ドイツ占領下のポーランドに建設）に到着したユダヤ人（1944 年）。この後、「ホロコースト（ナチス・ドイツによる組織的な迫害と虐殺）」の犠牲となった。（編集部）

もあった。しかし、認識論的または方法論的な「地域主義」、つまり、分析の「容器」または枠組みとして、国民国家を欧州に置き換えるアプローチが、認識論的または方法論的なナショナリズムよりも優れているかどうかは、全く明らかではない。

実際、方法論的な地域主義は、欧州諸国と世界のそれ以外の国々とのつながり、とりわけ旧植民地帝国とその旧植民地とのつながりを強調することをさらに難しくし、したがって西欧の国民国家を帝国国家として理解することをさらに難しくするかもしれない。欧州の枠組みは、欧州人が自らの歴史を「閉じたシステム」として考える傾向をさらに強めることになる。言い換えれば、世界のそれ以外の国々との関係よりも、むしろ欧州人同士の関係に焦点を当てる傾向が強まるのである。これまで見てきたように、ホロコーストを記憶する一方で、欧州の植民地支配の歴史を忘れる傾向があるのは、このためである。ティモシー・スナイダーが「ソフトランディング（軟着陸）」と呼んだように、ＥＵが帝国の後にもたらしたものは、実は欧州の植民地支配の歴史からの逃避だったのである。

ある意味で、欧州の植民地時代の過去とより深く関わることは、ＥＵにとって危険かもしれない。西欧諸国が、かつての帝国を自国の国家アイデンティティの構成要素であると理解することをさらに進めれば、ほとんどの場合、集団としてではなく、各国がそれぞれの旧植民地と個別に取り組まなければならない事業となるだろう[45]。特に、西欧の国民国家が帝国国家であることをより深く認識するようになれば、西欧の国民国家同士ではなく、各国民国家とその旧植民地との結びつきが深まることになる。こうして、欧州統合に関する議論ではよく「遠心力」と呼ばれる作用、つまり、加盟国を欧州のアイデンティティから引き離し、「離反する」作用が働くことになる。

理論的には、西欧諸国が植民地主義を集団的な事業として考え、それゆえに、ホロコーストがEUにとって中心的な集合的記憶となったように、植民地主義に関する共有の集合的記憶を発展させることは可能であろう。これには植民地を持たなかった西欧諸国も含まれる。バンブラが指摘するように、結局のところ、アイルランドやスウェーデンといった国々では、多くの国民が入植者として植民地事業に参加した[46]。しかし、中・東欧諸国、特にロシア帝国主義の犠牲者であると自認する国々は、EU加盟国になることにより、欧州植民地主義の責任も引き継ぐことになるという考えには抵抗するだろう[47]。このように考えると、帝国の記憶をEUのアイデンティティの中心に据えようとする試みは、EUを東西に分断する可能性が高い。

その意味で、EU自体が、欧州人が植民地支配の過去とより深く関わることを妨げている一因なのかもしれない。ホロコーストがEUの中心的な集合的記憶となった一方で、欧州の植民地主義の記憶が忘れ去られたのは、単に歴史の偶然ではない。むしろ、EUが帝国健忘症の手段となったのには構造的な理由があり、EUが(目立つものや情報に注目し、一方で目立たないものを無視する傾向である)「サリエンスバイアス」の問題を是正し、その歴史の対外的な教訓と欧州域内の教訓を学び、生かしていくことも難しいことを意味している。ホロコーストの集合的記憶が欧州統合事業を強化する一方で、欧州植民地主義の集合的記憶は欧州統合事業を弱体化させることになり、だからこそ「親欧州派」は、欧州植民地主義との関与を深めるという考えに必然的に抵抗することになるのである。

チャンスとしてのブレグジット

ポール・ギルロイは、英国と植民地時代の過去との関係について影響力のある分析を行い、「ポストコロニアル・メランコリア」と呼ぶ状態を明らかにした。戦後ドイツがヒトラーの死を追悼することができなかったという診断を下したアレクサンダー・ミッチェルリッヒとマルガレーテ・ミッチェルリッヒによる精神分析的アプローチを応用し、ギルロイは、英国は帝国の喪失という結果を処理しなかったと主張する。英国の帝国史が「不快感、恥辱、当惑の源」となるにつれ、それは「矮小化《わいしょうか》され、否定され、そして可能であれば積極的に忘れ去られた」と主張する[48]。ギルロイは、この未解決のトラウマが、不安で不安定な国民を生み出したのだ、と主張する。しかし、この「ポストコロニアル・メランコリア」は、「共生」、すなわち、「英国の都市部や他の地域のポストコロニアル都市で、多文化を社会生活の普通の特徴とした、同居と相互作用のプロセス」と共存しているのである[49]。

ブレグジットをめぐる議論が続く間、アナリストやコメンテーターは、ギルロイをはじめとするカルチュラル・スタディーズやポストコロニアリズム研究の研究者の分析を明示的に、あるいは暗黙のうちに利用し、「ポストコロニアル・メランコリア」の病理をEU離脱派と同一視しようとした。しかし、ギルロイはテロとの戦いとイラク戦争の時期に執筆しており、とりわけブレア主義を念頭に置いていた。ブレア主義は「急進的な」中道主義、「親欧州主義」と米国主導の軍事介入への支持を併せ持っており、ギルロイはこれを新植民地主義的なものと見なしていた[50]。他のカルチュラル・スタディーズやポストコロニアリズム研究の研究者も強調

ギルロイの" After Empire. Melancholia or Convivial Culture? "（2004）

しているように、英国における帝国の遺産と記憶は、「ポストコロニアル・メランコリア」という現象を、ブレグジットの離脱派との単純な同一視によって示唆することよりも、はるかに複雑で偏在しているのである[51]。

事実、もしギルロイの言う通り英国における「ポストコロニアル・メランコリア」の病理があるとすれば、EU加盟がそれを助長しているのかもしれない。ギルロイの主張は、英国は帝国の喪失に伴う感情を「克服」することはなかったというものである[52]。しかし、EU加盟がその理由の説明の一部になっているかもしれない。その理由のひとつは、EUが他の旧植民地大国と同様、帝国後の英国に「ソフトランディング（軟着陸）」をもたらしたからである。しかし、この話には特に英国的な側面もある。これまで見てきたように、コモンウェルス移民の終焉は英国のEC加盟と同時期に起こり、歴史的に英国市民であった非白人が「移民として再認識され、再分類された」経緯は、英国の「欧州共同体」への統合と関係している[53]。

欧州のアイデンティティはまた、英国人が植民地大国として、それほど輝かしいとは言えない役割ではなく、何より第二次世界大戦中に欧州大陸を解放したという輝かしい役割に焦点を当てる傾向を強めることになる。この役割自体、オフショア・バランシング、つまり欧州大陸の覇権国の出現を防ぐことを目的とした外交戦略の長い歴史の一部であった。ギルロイは、英国が第二次世界大戦に執着するのは、「ポストコロニアル・メランコリア」の症状であると見ている。ギルロイは「英国が反ナチス戦争を引き合いに出し続けることには、神経症的な何かがある」と書いている[54]。第二次世界大戦でナチズムに「立ち向かった」という記憶は、英国が善のための力であったことを示唆する慰めになるものであるのに対し、帝国の記憶は英国が歴史においてあまり肯定的とはいえない役割を果たしてきたことを示唆する不穏なものである。

実際、この2つの歴史は互いに対立するどころか、ますます結びついてきている。近年、BBCや帝国戦争博物館のような国の機関は、英国の「最好調の時」に英国の植民地の民間人や兵士が戦争に多大な貢献をしたことを強調している。このため、英国では、ナチズムに「立ち向かった」のは単に白人の英国ではなく、大英帝国であったという認識が強まっている。このように、1950年代に大量移民が始まる前の白人英国へのノスタルジアに自動的につながるどころか、第二次世界大戦に継続的かつ執拗に言及するのは、帝国の複雑な歴史について英国人を教育したり思い出させたりする方法として機能しうるのである。

とはいえ、ギルロイの言う通り、第二次世界大戦の記憶に焦点を当てることが、英国の帝国史からの逃避につながるのであれば、ブレグジットは好機かもしれない。私が主張してきたように、EUが帝国健忘症の手段であるとすれば、ブレグジットは英国の植民地時代の歴史をより深く、異なる形で記憶するための特別な機会になるかもしれない。1973年にECに加盟して以来、英国がそうしてきたように、かつての植民地本国と旧植民地とのつながりを断ち切り、「閉じたシステム」としての欧州の歴史の一部として国家の物語を再構築するのではなく、英国は、バンブラが示唆する帝国国家の物語として国家の物語を再構築し、帝国がいかに英国国家の構成要素となったのか、あるいは形成に寄与したかについて理解を深めることができる。

欧州のプロジェクトが促してきたように、自らを欧州の「運命共同体」の一部であるとのみ考えるのではなく、ブレグジット後の英国はその代わりに、あるいはそれに加えて、自らを帝国後の異なる国々のネットワークの一部であると考えるようになるかもしれない。それは、英国を形成する上で大きな役割を果たした欧州の他の国々との交流の記憶を排除したり、忘れたりすることを意味するのではなく、むしろ、欧州だけに焦点を当てるのではなく、国の物語を想像する方法のバランスを再調整することを意味している。このような英国のアイデンティティと歴史の見直しは、特に外交政策に大きな政策的な示唆を与えるだろう。とりわけ、英国は旧植民地と、コモンウェルスを通じてであれ二国間ベースであれ、より緊密な関係を築こうとするであろう。

その良い手始めとしては、移民政策だろう。移民政策の焦点は、これまで見てきたように、コモンウェルスから欧州へと移ってきた。ブレグジット以降に進められてきた英国の移民政策の再均衡をさらに進めることはできるだろう。特に、英国の旧植民地の市民が英国に来やすくすることである。1980年代にあったコモンウェルスからの移民に関する議論は、帝国の遺産という観点からなされた。当時の反人種差別主義者のスローガンとして人気があったのは、「あなたがそこにいたから、私たちはここにいる」というものだった[55]。旧植民地からの移民に関するこの道徳的・歴史的論理は、当時は論争の的であったが、今では、移動の自由をめぐる論理の違いより、ずっと広く受け入れられている。「帝国後の優遇」とも呼ぶべき、このような政策は、賠償の一形態とも考えられる。

もちろん、このようなことが起こるのは必然とは言うにはほど遠い。特に、英国の右派がそのようなビジョンを追求する可能性は低い。むしろ、英国の左派が、ブレグジットを本質的かつ必然的に右翼的なプロジェクトであるとして、EUを進歩的な、あるいはコスモポリタン的な事業であるとする誤った認識に基づいて、それを完全に、あるいは部分的に逆行させなければならないと単純に切り捨てるのではなく、EU離脱後の英国がどのような姿になるのかについて、独自の立場を打ち出すことが求められている。具体的には、英国の左派は、英国の旧植民地との関係は新植民地主義的なものでなければならないという条件反射的な考えから脱却する必要がある。そうではなく、ブレグジットについて、英国をより欧州中心主義的でない国にする機会として捉えるべきなのである。

日本語版への補遺
ユーロ・ホワイトネスと日本
Afterword: Eurowhiteness and Japan

私が本書で主張していることのいくつかは、欧州の読者よりも日本の読者の方が明確に思えるかもしれない。実際、私が主張するいくつかの点、特に欧州のアイデンティティは白人性（ホワイトネス）と密接に結びついているという考えは、日本の読者にとってはほとんど自明のことに思えるだろう。欧州の読者の中には、欧州の民族的・文化的観念が１９４５年以降も存続し、欧州統合に影響を与えたという指摘を不快に思う人もいるかもしれない。だが、ＥＵが欧州人のアイデンティティの純粋に市民的概念に基づくコスモポリタンなプロジェクトであると一部の欧州人が想像していたことを知り、日本の読者はもっと驚くかもしれない。

本書には、日本は登場しない。第一次世界大戦後に勃興し、第二次世界大戦後の欧州統合を促した汎ヨーロッパ運動の指導者、リヒャルト・クーデンホーフ＝カレルギーという魅力的な人物を除いては。1894年に東京でリヒャルト・ニコラウス栄次郎として生まれた彼は、ヨーロッパ人男性ハインリヒ・フォン・クーデンホーフ＝カレルギーと日本人女性青山光子の間に生まれた。そのため、彼をコスモポリタンな人物として見たくなるかもしれない。しかし実際には、彼はそのようなイメージから想像される以上に問題の多い人物であった。ペオ・ハンセンとステファン・ヨンソンは、その重要な著書『Eurafrica』の中で、彼を「本格的な生物学的人種差別主義者」と表現している[1]。

パリ講和会議（約30か国の代表が参加）を主導した「ビッグ４」と呼ばれた欧米主要国の首脳たち。左から、英首相デビッド・ロイド・ジョージ（1863-1945）、伊首相ヴィットーリオ・エマヌエーレ・オルランド（1860-1952）、仏首相ジョルジュ・クレマンソー（1841-1929）、米大統領ウッドロウ・ウィルソン（1856-1924）。（編集部）

人種に関わるグローバル・ヒストリーにおける日本の位置づけ、特に白人性という考え方での日本の位置づけが問題となる。日本は、20世紀前半の欧州の人種イメージの中で、ある種の特別な地位を占めていた。明治期に経済的、軍事的に発展したこともあり、日本は他のアジア諸国よりも「文明化」した、ある種例外的なアジアの国として広く認識されていた。アパルトヘイト下の南アフリカにおいて、日本人が「名誉白人」として分類されたことは、この特別な地位を示す最も良い例であろう。

しかし、ある意味では、日本は20世紀前半、非白人世界の一種の指導者としても機能した、あるいは、少なくともそれが非白人世界の多くの人々の希望だった。1905年に日本が日露戦争でロシアに勝利

パリ講和会議の日本全権団。前列左から、次席全権大使・牧野伸顕（元外相、1861-1949）、主席全権大使・西園寺公望（元首相、1849-1940）、全権委員・珍田捨巳（駐英大使、1857-1929）、後列左から、全権委員・伊集院彦吉（駐伊大使、1864-1924）、全権委員・松井慶四郎（駐仏大使、1868-1946）。（編集部）

したことは、ジャワハルラール・ネルーやW・E・B・デュボイスのような反植民地主義、反人種差別運動家を鼓舞した[2]。1919年のパリ講和会議において、日本は会議に参加した唯一の非西洋大国として、国際連盟憲章に人種平等条項を盛り込むことを提案した[3]。この提案は、米国と英自治領、特にオーストラリアに阻止され、最終的には失敗に終わったが、後に国際連合憲章に反映されることになる。

言い換えれば、日本は人種に関するグローバル・ヒストリーの中で、白人世界と非白人世界の中間に位置する曖昧な位置を占めている。この曖昧さは、西洋という概念と日本との関係において、今日に至るまで続いている。もし西洋を地理的、あるいは文明の主旨で理解するのであれば、日本を含めることはできない。例えば、サミュエル・ハンチントンは『文明の衝突』の中で、日本を独自の文明と見なしている。しかし、もし西洋を発展や科学技術的な観点（経済協力開発機構《OECD》に代表されるような世界の先進国経済）や、戦略的な観点（第二次世界大戦後の米国の同盟体制）として理解するのであれば、日本を含めることは可能になる。

本書では、西洋をひとつの文明として想像するハンチントンの言う文明主義ではなく、米国とは異なる文明としての欧州、さらには米国に脅かされている文明としての欧州という、より狭く、あまり馴染みのない考え方に焦点を当てている。クーデンホーフ＝カレルギーや戦間期の汎ヨーロッパ運動に影響を与えたのは、こうした文明主義であり、彼らはアフリカ植民地の資源を活用し、国際政治における「第三の勢力」となりうる統一欧州を創り出そうとした。それはまた、フランスのエマニュエル・マクロン大統領、すなわち私が欧州統合プロジェクトにおける文明の転換と呼ぶものの中心人物の考え方でもある。

しかし、本書が2023年夏に出版されて以来、西洋は単一の文明であるという、より広範で親しみのあるハンチントン的な考え方が復活している。特に、イスラム政治組織ハマスが2023年10月7日にイスラエルを攻撃して以来、文明の衝突というハンチントンの考え方が最初に広まった9・11米国同時多発テロの直後に戻ったかのようだ。文明を体現する西洋文明と、同様に野蛮を体現するイスラム文明との闘争ととらえる考え方である。このような文明闘争と信じる者の多くは、イスラエルをユダヤ・キリスト教的西洋文明の擁護者とみなしている。

この文明思考の復活は、中国と米国の戦略的競争が激化する中で起きている。ハンチントンは、冷戦後の世界において、西側諸国はイスラムだけでなく中国とも対立するだろうと予測していた。中国の挑戦は、しばしばリアリズムの観点（衰退する大国と台頭する大国との競争）やイデオロギーの観点（民主主義国家と権威主義国家との世界的な闘争の一部）で想定されている。しかし、冷戦時代と同様、文明論的思考もまた必然的に入り込んでくる。

この文脈では、日本にとっては、文明論的な意味では西洋の一部にはなれないとしても、中国の挑戦に対応するために米国や欧州諸国の支持を取り付ける方法として、西洋の言葉を使い、自らを西洋の一部であるかのように想像したくなるかもしれない。しかし、日本はこの誘惑に抗うべきだろう。少なくとも、西洋という概念は、日本にとっても重要なパートナーであるインドのような諸国を排除してしまうからである。そうではなく、日本は1919年のパリ講和会議で果たした役割から着想を得るべきである。人種平等条項を提案した複雑な動機が何であれ、日本はそのことを誇りに思うことができるし、また誇りに思うべきだ。そして、日本は西洋とグローバル・サウスとをつなぐことを目指すべきではないだろうか。

rethinking-nordic-colonialism.org/files/pdf/ACT2/ESSAYS/Gilroy.pdf. 端的に言えば、ギルロイは「ポストコロニアル・メランコリア」を欧州懐疑主義と結びつけてはいなかった。

(51) Saunders, “Brexit and Empire: ‘Global Britain’ and the Myth of Imperial Nostalgia” を参照。

(52) Gilroy, *After Empire*, p. 98.

(53) Patel, *We're Here Because You Were There*, p. 6.

(54) Gilroy, *After Empire*, p. 97.

(55) この言葉はA. シバナンダンの造語である。Patel, *We're Here Because You Were There*.

▼日本語版への補遺

(1) Peo Hansen/Stefan Jonsson, *Eurafrica.The Untold Story of European Integration and Colonialism*, London: Bloomsbury, 2014, p. 38.

(2) Pankaj Mishra, *From the Ruins of Empire.The Revolt Against the West and the Remaking of Asia*, London: Allen Lane, 2012, pp.1-6.

(3) Naoko Shimazu, *Japan, Race and Equality: The Racial Equality Proposal of 1919*, Abingdon: Routledge, 1998.

The Guardian, 28 November 2017, https://www.theguardian.com/uk-news/2017/nov/28/hostile-environment-the-hardline-home-office-policy-tearing-families-apart.

(38) Office for National Statistics, "Long-term international migration, provisional: year ending June 2022", 24 November 2022, https://www.ons.gov.uk/peoplepopulation-andcommunity/populationandmigration/international-migration/bulletins/longterminternationalmigration-provisional/yearendingjune2022.

(39) "Britons welcome Hong Kongers as figures show UK issues over 110,000 BN(O) visas", British Future, 26 May 2022, https://www.britishfuture.org/britons-welcome-hong-kongers-as-figures-show-uk-issues-over-110000-bno-visas/. 英国海外市民というカテゴリーは、サッチャー政権が制定した1981年の英国国籍法で導入された。これは、英国および植民地の市民を、英国市民、英国属領市民、英国海外市民の3つの新しいカテゴリーに分けたものである。英国海外市民は英国に入国し居住する自動的な権利を持たなかった。

(40) Gurminder Bhambra, "A Decolonial Project for Europe", *Journal of Common Market Studies*, Volume 60, Issue 2, 2002, pp. 229–244, 特に p. 230.

(41) Ibid., p. 230.

(42) Paul Gilroy, *After Empire. Melancholia or Convivial Culture?* (London: Routledge, 2004), p. 2.

(43) Bhambra, "A Decolonial Project for Europe", p. 232.

(44) Ibid., p. 231.

(45) 例外は、複数の異なる欧州諸国に相次いで統治された国である。例えば、カメルーンは1884年から第一次世界大戦終了までドイツに、1919年から1960年の独立までフランスに統治されていた。この場合、独仏共同による賠償プロジェクトが想定できるが、承知する限り、そのようなプロジェクトは今のところ存在しない。

(46) Bhambra, "A Decolonial Project for Europe", pp. 234– 235.

(47) ヨゼフ・ベレツとマフア・サルカルはこう書いている。「EUが加盟国の主権を『共有し、共同管理する』機構と見なされるのなら、EUは、加盟国の帝国主義と、世界の他地域における植民地支配の掠奪の記録を『共有し、共同管理する』機構としても認識されるべきである」。József Böröcz and Mahua Sarkar, "What is the EU?", *International Sociology*, Volume 20, Issue 2, 2016, pp. 153– 173、特に p. 163。

(48) Gilroy, *After Empire*, p. 98. ギルロイは、英国の分析に焦点を当てている一方、植民地時代の歴史を持つ他の西欧諸国、特にベルギー、フランス、イタリア、オランダ、スペインにも適用できることを明らかにしている (p.109)。

(49) Ibid., p. xi.

(50) ギルロイは特に、ブレアの外交政策顧問であるロバート・クーパーに特に批判的で、「新帝国主義」の「主要なスポークスマン」だと評している。Idem, *After Empire*, p. 173. クーパーはその後、欧州理事会の対外・政治軍事担当事務局長となり、2010年の欧州対外行動庁設立後は、キャサリン・アシュトン上級代表の参事官を務めた。ギルロイはまた別のところで、大英帝国に関する修正主義は「EUの旗印の下での新しい形での復活の要求」を伴っていると示唆した。Paul Gilroy, "Public Hearing: Debating Independence: Autonomy or Voluntary Colonialism?", Nuuk, Greenland, 22 April 2006, http://

(26) 欧州議会については、Johanna Kantola, Anna Elimäki, Barbara Gaweda, Cherry Miller, Petra Ahrens, and Valentine Berthet, "'It' s Like Shouting to a Brick Wall' : Normative Whiteness and Racism in the European Parliament", *American Political Science Review*, 19 July 2002, pp. 1–16 参照。

(27) 1965 年人種関係法は、ホテルやレストランなど公共の場での人種差別を違法とし、人種差別の苦情を審理する人種関係委員会を設立した。1968 年人種関係法は、雇用と住宅における人種差別も違法とした。1976 年人種関係法は、差別の定義を間接差別まで拡大した。一方、加盟国ではなく、EU 自体が人種差別に対処するための最初の重要な一歩を踏み出したのは、2000 年の人種平等指令である。"Council Directive 2000/43/EC of 29 June 2000 implementing the principle of equal treatment between persons irrespective of racial or ethnic origin" , https://eur-lex. europa.eu/legal-content/EN/TXT/HTML/?uri=CEL EX:32000L0043&from=EN を参照。欧州委員会は 2020 年、「反人種主義行動計画」を発表した。A Union of equality: EU anti-racism action plan 2020–2025" , 18 September 2020, https://ec.europa.eu/info/sites/default/files/a_ union_of_equality_eu_action_plan_against_racism_2020_-2025_en.pdf.

(28) 経済的、戦略的な物語の概要については、Saunders, *Yes to Europe!*, chapter 1 を参照。

(29) イアン・サンジャイ・パテルは「1948 年以降、植民地時代のケニアやジャマイカで生まれた非白人は、ウィンストン・チャーチルと同等の市民権を、同等の条件で享受していた」と述べている。Ian Sanjay Patel, *We're Here Because You Were There. Immigration and the End of Empire* (London: Verso, 2021), p. 5. 興味深いのは、同時期に同じような帝国改革を行ったフランスとの比較である。1946 年、第四共和政を創設する改革の一環として、フランス連合が誕生し、それまでの植民地臣民または先住民の地位は廃止された。植民地市民は、フランス首都圏に定住する権利を含め、フランス市民と同じ正式な「市民権の資格」を持つようになった。Frederick Cooper, *Citizenship between Empire and Nation: Remaking France and French Africa*, 1945–1960 (Princeton: Princeton University Press, 2004) を参照。

(30) この偶然については、Patel, *We're Here Because You Were There*, p. 89.

(31) Gaitskell speech to Labour Party Conference, 3 October 1962, cited in Saunders, *Yes to Europe!*, p. 259. この演説は、英国の EEC 加盟は「1000 年の歴史の終わり」を意味するというゲイツケルの主張で広く知られる。

(32) Saunders, "Brexit and Empire: 'Global Britain' and the Myth of Imperial Nostalgia", p. 5.

(33) Ibid, pp. 10–13; Saunders, *Yes to Europe!*, p. 261.

(34) この決定がもたらした経済的・政治的影響については、Thompson, "Inevitability and contingency: The political economy of Brexit"、特に p. 438 を参照。

(35) Nicholas Watt and Patrick Wintour, "How immigration came to haunt Labour: the inside story", *The Guardian*, 24 March 2015, https://www.theguardian. com/news/2015/mar/24/how-immigration-came-to-haunt-labour-inside-story を参照。

(36) Alan Travis, "Jamaicans dismayed by visa requirement", *The Guardian*, 9 January 2003, https://www.theguardian.com/uk/2003/jan/09/drugsandalcohol. immigrationpolicy.

(37) Amelia Hill, "'Hostile environment' : the hardline Home Office policy tearing families apart" ,

スは、これはEUを嫌悪する人々は離脱派に投票せずに自宅にとどまったことを意味しているとの見方を示している。Saunders, "Brexit and Empire: 'Global Britain' and the Myth of Imperial Nostalgia" , p. 20.

(14) Neema Begum, "Minority ethnic attitudes and the 2016 EU referendum", UK in a Changing Europe, 6 February 018, http://ukandeu.ac.uk/minority-ethnic-attitudes-and-the-2016-eu-referendum/.

(15) Neema Begum, "British democracy and ethnic minority voters" , UK in a Changing Europe, 8 July 2020, https:// ukandeu.ac.uk/neema-begum-british-democracy-and-ethnic-minority-voters/

(16) Begum, "Minority ethnic attitudes and the 2016 EU referendum" . 民族的少数派の移民観に関する2015年の報告書でも、EUに対する同様の見解が示されている。すなわち、「欧州を明確に民族的あるいは人種的な観点からとらえる者もおり、『要塞の欧州』について、欧州からの移民をかなりの水準で認める一方、非白人移民を締め出す方法とみなしている」。Omar Khan and Debbie Weekes-Bernard, "This is Still About Us. Why Ethnic Minorities See Immigration Differently" , Runnymede Trust, December 2015, https:// www.runnymedetrust.org/publications/ this-is-still-about-us-why-ethnic-minorities-see-immigration-differently, p. 4.

(17) Neema Begum, "Is being European a white identity? Brussels needs deep reflection in the wake of the Black Lives Matter movement", *The Conversation*, 8 July 2020, https://theconversation.com/is-being-european-a-white-identity-brussels-needs-deep-reflection-in-the-wake-of-the-black-lives-matter-movement-141902.

(18) "What Does Brexit Mean for Black and Asian Britain?", discussion at the Mile End Institute, Queen Mary University of London, 28 November 2018, https://www. youtube.com/watch?v=19jlfIoz4s4.

(19) Begum, "Is being European a white identity?".

(20) Michaela Benson and Chantelle Lewis, "Brexit, British People of Colour in the EU-27 and everyday racism in Britain and Europe", *Ethnic and Racial Studies*, Volume 42, Issue 13, 2019, pp. 2211–2228.

(21) Ibid., p. 2221.

(22) Ibid., p. 2223.

(23) "Sol Campbell warns fans to stay away from Euro 2012" , BBC, 28 May 2012, https://www.bbc.co.uk/news/ uk-18192375; John Ashdown, "Theo Walcott' s family to miss Euro 2012 for fear of racist attacks", *The Guardian*, 17 May 2012, https://www.theguardian.com/football/2012/may/17/ theo-walcott-family-euro-2012-racist; Rajeev Syal, "Ukraine' s festering football racism", *The Guardian*, 1 June 2012, https:// www. theguardian.com/world/2012/jun/01/euro-2012-ukraine-football-racism-sol-campbell.

(24) Benson and Lewis, "Brexit, British People of Colour in the EU-27 and everyday racism in Britain and Europe", pp. 2221–2222を参照。

(25) Jennifer Rankin, "The EU is too white—and Brexit likely to make it worse, MEPs and staff say" , *The Guardian*, 29 August 2018, https://www.theguardian.com/ world/2018/aug/29/eu-is-too-white-Brexitlikely-to-make-it-worse; また、"Brexit to have significant impact on racial diversity in the EU institutions" , European Network Against Racism (ENAR), 31 January 2020, https://www.enar-eu.org/Brexitto-have-significant-impact-on-racial-diversity-in-the-EU-institutions/.

August 2022, https://www.ft.com/content/2206a011- 8769-4205-a5d1-f98492cb73b5; "The Remaking of Europe" , The Rachman Review Podcast, *Financial Times*, 29 September 2022, https:// www.ft.com/ content/e4dc80c0-ab3a-47dd-a9ee265d715bdc13 を参照。

(51) Josep Borrell, "Putin' s War Has Given Birth to Geopolitical Europe" , European External Action Service, 3 March 2022, https://www.eeas.europa.eu/eeas/putins-war-has-given-birth-geopolitical-europe_en.

▼第 6 章

(1) Robert Saunders, "Brexit and Empire: 'Global Britain' and the Myth of Imperial Nostalgia" , *The Journal of Imperial and Commonwealth History*, Volume 48, Issue 6, 2020, pp. 1–35, 特に p. 26.

(2) Saunders, "Brexit and Empire: 'Global Britain' and the Myth of Imperial Nostalgia" , p. 15 (強調箇所は原文通り)。確かに、離脱派右派が英国のモデルと見なした国は、帝国主義大国ではなく、シンガポールやスイスのような豊かな小国だった。

(3) Ibid., pps. 3, 21–25.

(4) Ibid., p.4.

(5) Ibid., p.8.

(6) Ibid., p. 7. また、Saunders, *Yes to Europe!*, pp. 263–265.

(7) 例えば、Ronald Inglehart and Pippa Norris, *Cultural Backlash: Trump, Brexit, and Authoritarian Populism* (Cambridge: Cambridge University Press, 2019)。

(8) トランプ当選における人種的憎悪の役割については、John Sides, Michael Tesler and Lynn Vavreck, *Identity Crisis: The 2016 Presidential Campaign and the Battle for the Meaning of America* (Princeton: Princeton University Press, 2018), pps. 30–31, 175–179.

(9) 米国については、デビッド・オーサー、デビッド・ドーン、ゴードン・ハンソン、カヴェ・マジレシらの広範な研究を参照。英国については、例えば、Italo Cantalone and Piero Stanig, "Global Competition and Brexit" , *American Political Science Review*, Volume 11, Issue 2, 2019, pp. 201–208.

(10) Helen Thompson, "Inevitability and contingency: The political economy of Brexit" , *The British Journal of Politics and International Relations*, Vol. 19, No. 3, 2017, pp. 434–449, 特に p. 446.

(11) Ibid., p. 434.

(12) 「民族的少数派」とは、英国におけるアフリカ系、アジア系、カリブ海系の人々を指し、「黒人とアジア系」または「黒人、アジア系と民族的少数派」(BAME) と呼ばれる。

(13) 民族的少数派の有権者の 31%が EU 離脱に投票したのに対し、残留に投票したのは 69%だった。民族的少数派の有権者は、白人の有権者と同じように階級、教育、世代、地域によって分かれたが、投票率は白人人口よりも民族的少数派の方が著しく低かった。EU 加盟問題に対する全般的な無関心を示唆している。Ipsos, "How Britain voted in the 2016 EU referendum" , 5 September 2016, https://www.ipsos.com/ en-uk/how-britain-voted-2016-eu-referendum (last accessed 31 March 2023) を参照。ソーンダー

(40) "Discours du Président de la République Emmanuel Macron à la conférence des ambassadeurs et des ambas-sadrices de 2019" , 27 August 2019, https://www.elysee.fr/emmanuel-macron/2019/ 08/27/discours-du-president-de-la-republique-a-la-conference-des-ambassadeurs-1.

(41) "Regierungserklärung von Bundeskanzler Olaf Scholz am 27. Februar 2022" , https://www. bundesregierung. de/breg-de/suche/regierungserklaerung-von-bundeskanzler-olaf-scholz-am-27-februar-2022–2008356.

(42) 例えば、開戦から1か月後、ショルツ首相はインタビューで、不安を感じるのは、欧州の「平和秩序」を拒否した結果として、プーチンが地政学的観点で考えた、その思考方法だと語った。言い換えれば、他の国々がEUに「地政学的」姿勢を求めるのに対し、ショルツ首相は「地政学」を志向するのではなく、むしろ否定し続けるものだと考えていたのである。"Bundeskanzler Olaf Scholz zu Gast bei Anne Will" , 27 March 2022, https://daserste.ndr.de/annewill/videos/Bundeskanzler-OlafScholz-zu-Gast-bei-ANNE-WILL,annewill7452.html.

(43) Meabh McMahon, "Ukraine is one of us and we want them in EU, Ursula von der Leyen tells Euronews" , Euronews, 27 February 2022, https://www.euronews. com/2022/02/27/ukraine-is-one-of-us-and-we-want-them-in-eu-ursula-von-der-leyen-tells-euronews.

(44) アゾフ連隊については、Shaun Walker, "Azov fighters are Ukraine' s greatest weapon and may be its greatest threat", *The Guardian*, 10 September 2014, https://www. theguardian.com/world/2014/sep/10/azov-far-right-fighters-ukraine-neo-nazis を参照。Simon Shuster and Billy Perigo, "Like, Share, Recruit: How a White-Supremacist Militia Uses Facebook to Radicalize and Train New Members" , Time, 7 January 2021, https://time.com/5926750/azov-far-right-movement-facebook/. また、Andreas Umland, "Irregular Militias and Radical Nationalism in Post Euromaydan Ukraine: The Prehistory and Emergence of the 'Azov' Battalion in 2014" , *Terrorism and Political Violence*, Volume 31, Issue 1, 2019, pp. 105–131 も参照。

(45) Deputy chief prosecutor David Sakvarelidze, BBC World とのインタビュー , 27 February 2022.

(46) Emily Venturi and Anna Iasmi Vallianatou, "Ukraine exposes Europe' s double standards for refugees" , Chatham House, 30 March 2022, https://www.chathamhouse. org/2022/03/ukraine-exposes-europes-double-standards-refugees を参照。

(47) ポーランド政府はウクライナ人を歓迎する一方で、ベラルーシとの国境で中東からの亡命希望者を押し戻し続けた。Lorenzo Tondo, "Embraced or pushed back: on the Polish border, sadly, not all refugees are welcome", *The Guardian*, 4 March 2022, https://www.theguardian.com/global-development/commentisfree/2022/mar/04/embraced-or-pushed-back-on-the-polish-border-sadly-not-all-refugees-are-welcome.

(48) Speech by HR/VP Josep Borrell at opening of the Festival d' Europa, Florence, 5 May 2022, https://www.eeas. europa.eu/eeas/speech-hrvp-josep-borrell-opening-festival-d' europa-firenze-5-may-2022_en.

(49) マルクス・ランツの番組に出演したフローレンス・ガウプ、ZDF, 12 April 2022, https://www.youtube. com/watch?v=QFP3KIY IBWY. ガウプのツイッターも参照。13 April 2022, https://twitter.com/florencegaub/status/1514152917556727813?lang=en-GB.

(50) 例えば、Sylvie Kaufmann, "War in Ukraine has shaken the EU' s power dynamics" , *Financial Times*, 30

muslim-immigrants-trump.html; Simon Schuster, "Austria' s Young Chancellor Sebastian Kurz Is Bringing the Far-Right Into the Mainstream", *Time*, 29 November 2018, https://time.com/5466497/sebastian-kurz/.

(32) ボルケスタインとハンチントンについては、Oudenampsen, *The Rise of the Dutch New Right*, pp. 82–85.

(33) EPP の「筆頭候補(シュピッツェンカンディダート)」はキリスト教社会同盟(CSU、ドイツ)のマンフレート・ヴェーバーだったが、彼が長い間オルバン首相を擁護してきたという理由で、欧州議会の中道左派とリベラル派が拒否した。一方、EPP のメンバーも、中道左派の社会民主進歩同盟の「筆頭候補」であり、欧州委員会第一副委員長(より良い規制・機関間関係・法の支配・基本権憲章担当)として、ハンガリーおよびポーランド政府と対立してきたフランス・ティメルマンス氏(オランダ)を拒否した。欧州議会の議員 383 人はフォン・デア・ライエン氏に投票し、327 人が反対票を投じ、22 人が棄権と、比較的僅差の勝利だった。PiS は欧州議会で 26 議席、フィデスは 13 議席を獲得した。R. Daniel Kelemen, "This is how Europe got its new president. It was a difficult and controversial process", *Washington Post*, 27 July 2019, https://www.washington-post.com/politics/2019/07/17/this-is-how-europe-gotits-new-president-it-wasnt-pretty-process/.

(34) Speech by Ursula von der Leyen, 29 November 2019, https://ec.europa.eu/commission/presscorner/detail/en/SPEECH_19_6408.

(35) Hans Kundnani, "Europe's geopolitical confusion", I*nternationale Politik Quarterly*, January 2023, https://ip-quarterly.com/en/europes-geopolitical-confusion を参照。

(36) Matina Stevis-Gridneff, "'Protecting Our European Way of Life'? Outrage Follows New E.U. Role" , *New York Times*, 12 September 2019, https://www.nytimes. com/2019/09/12/world/europe/eu-ursula-von-der-leyen-migration.html.

(37) Speech by Lionel Jospin on "The Future of an Enlarged Europe" , 28 May 2001. Jürgen Habermas, "Why Europe Needs a Constitution", *New Left Review*, September/October 2011. Judt, Postwar, Chapter XXIV.

(38) Roderick Parkes, "The Siege Mentality. How Fear of Migration Explains the EU' s approach to Libya" , Foreign Policy Research Institute/Heinrich Böll Stiftung, November 2020, https://www.fpri.org/article/2020/12/the-siege-mentality-how-fear-of-migration-explains-the-eus-approach-to-libya/.

(39) "Uniforms of the European Border and Coast Guard standing corps" , Frontex, 2 February 2021, https://frontex.europa.eu/media-centre/multimedia/videos/uni-forms-of-the-european-border-and-coast-guard-standingcorps-Fv4XEx; Lorenzo Todo, "Revealed: 2,000 refugee deaths linked to illegal EU pushbacks" , *The Guardian*, 5 May 2021, https://www.theguardian.com/global-development/2021/may/05/ revealed-2000-refugee-deaths-linked-to-eu-pushbacks; Katy Fallon, "Revealed: EU border agency involved in hundreds of refugee pushbacks", *The Guardian*, 28 April 2022, https://www.theguardian.com/global-development/2022/apr/28/ revealed-eu-border-agency-involved-in-hundreds-of-refugee-pushbacks; Katy Fallon, "EU border agency accused of serious rights violations in leaked report" , *The Guardian*, 14 October 2022, https://www.theguardian.com/global-development/2022/oct/14/eu-border-agency-frontex-humanrights-violations-report.

(18) Hans Kundnani, *The Paradox of German Power* (London: Hurst, 2014), pps. 74–75, 111.

(19) Henry Foy, "Slovakia rules out further financial aid for Greece" , Financial Times, 19 February 2015, https://www.ft.com/content/692bfc12-b831–11e4–86bb00144feab7de を参照。スロバキアのカジミール財務相は特にツイッターで積極的に意見を表明した。Gabrielle Steinhauser, Liis Kängsepp and Juris Kaža, "Greece's Small but Mighty Critics in Eastern Europe Start to Vent", *Wall Street Journal*, 11 July 2015, https://www.wsj.com/articles/greeces-small-but-mighty-critics-in-eastern-europe-start-to-vent-1436607216 を参照。

(20) スロバキアのロバート・フィツォ首相は後に、このような制度では「イスラム教徒は一人も」受け入れないと宣言した。Henry Foy, "Slovakia election: PM uses migrant fears to boost poll support" , 3 March 2016, *Financial Times*, https://www.ft.com/content/f3c6a6f8- e11e-11e5–8d9b-e88a2a889797.

(21) Thomas Kirchner, "Orbán: Die Flüchtlingskrise ist ein deutsches Problem" , *Süddeutsche Zeitung*, 3 September 2015, https://www.sueddeutsche.de/politik/europaorban-die-fluechtlingskrise-ist-ein-deutsches-problem-1.2633037.

(22) "Orbán wirft Merkel 'moralischen Imperialismus' vor", *Süddeutsche Zeitung*, 23 September 2015, https://www. sueddeutsche.de/bayern/csu-klausur-orban-wirft-merkel-moralischen-imperialismus-vor-1.2661549.

(23) "Prime Minister Viktor Orbán' s Speech at the 25th Bálványos Summer Free University and Student Camp", 30 July 2014, https://2015–2019.kormany.hu/en/the-prime-minister/the-prime-minister-s-speeches/prime-minister-viktor-orban-s-speech-at-the-25th-balvanyos-summer-free-university-and-student-camp.

(24) Esther King, "Emmanuel Macron: 'Europe is not a supermarket'" , *Politico*, 22 June 2017, https://www.politico. eu/article/emmanuel-macron-europe-is-not-a-supermarket/.

(25) Didier Fassin, "Sure looks a lot like conservatism", *London Review of Books*, 5 July 2018, https://www.lrb.co.uk/the-paper/v40/n13/didier-fassin/sure-looks-a-lot-like-conservatism を参照。

(26) 例えば、"Britain is part of 'arc of instability' around the EU, chairman says", *Reuters*, 28 September 2020, https://www.reuters.com/article/uk-britain-eu-michel-idUKKBN26J2BH.

(27) 「欧州の主権」については、Hans Kundnani, "Europe' s sovereignty conundrum" , *Berlin Policy Journal*, 13 May 2020, https://berlinpolicyjournal.com/europes-sover-eignty-conundrum/ を参照。

(28) 例えば、Carl Bildt, "Trump's decision to blow up the Iran deal is a massive attack on Europe", *Washington Post*, 12 May 2018, https://www.washingtonpost.com/news/global-opinions/ wp/2018/05/12/ trumps-decision-to-blow-up-the-iran-deal-is-a-massive-attack-on-europe/?utm_term=.ca8f6e239282.

(29) Emily Schultheis, "Viktor Orbán: Hungary doesn' t want 'Muslim invaders'" , *Politico*, 8 January 2018, https:// www.politico.eu/article/viktor-orban-hungary-doesnt-want-muslim-invaders/.

(30) 「テクノ・ポピュリズム」政党としての五つ星運動については、Chris Bickerton and Carlo Invernizzi Accetti, "'Techno-populism' as a new party family: the case of the Five Star Movement and Podemos" , *Contemporary Italian Politics*, Volume 10, Issue 2, 2018, pp. 132–50.

(31) Ceylan Yeginsu, "Dutch Leader Takes Trump-like Turn in Face of Hard-Right Challenge", New York Times, 24 January 2017, https://www.nytimes.com/2017/ 01/24/world/europe/mark-rutte-netherlands-

共著者の一人。

(5) Kim Willsher, “French minister defends offer of security forces to Tunisia”, *The Guardian*, 18 January 2011, https://www.theguardian.com/world/2011/jan/18/french-minister-tunisia-offer.

(6) Catherine Ashton, “The EU wants ‘deep democracy’ to take root in Tunisia and Egypt”, *The Guardian*, 4 February 2011, https://www.theguardian.com/commentisfree/2011/feb/04/egypt-tunisia-eu-deep-democracy.

(7) アルジェリアの EEC 加盟をめぐる交渉も含め、農産物の競争に対する懸念が北アフリカとの関係を長い間形作ってきた。特にイタリアは、EEC の農業補助金がイタリア南部からアルジェリアに振り向けられることを恐れていた。Brown, The Seventh Member State, pp. 158–163.

(8) Mark Leonard and Nicu Popescu, “A Power Audit of EU-Russia Relations, European Council on Foreign Relations” , November 2007, https://ecfr.eu/wp-content/ uploads/ECFR-02_A_POWER_AUDIT_OF_EU-RUSSIA_RELATIONS.pdf を参照。プーチンが 2007 年のミュンヘン安全保障会議で行った演説は、NATO や EU に対するロシアの攻撃的攻勢の始まりと見なされている。

(9) “The Merkel Plan”, *The Economist*, 15 June 2013, https:// www.economist.com/news/special-report/21579144-germanys-vision-europe-all-about-making-continent-more-competitive-merkel.

(10) Adam Tooze, “A Modern Greek Tragedy”, *New York Review of Books*, 8 March 2018, http://www.nybooks. com/articles/2018/03/08/yanis-varoufakis-modern-greek-tragedy/.

(11) Oliver Nachtwey, *Germany' s Hidden Crisis. Social Decline in the Heart of Europe* (London: Verso, 2018) を参照。原書はドイツ語で *Die Abstiegsgesellschaft: Über das Aufbegehren in der regressiven Moderne* (Frankfurt am Main: Suhrkamp, 2016) として出版された。

(12) Hans Kundnani, “Europe and the Return of History”, *Journal of Modern European History*, Volume 11, Issue 3, August 2013, pp. 279–286.

(13) Wade Jacoby and Jonathan Hopkin, “From lever to club? Conditionality in the European Union during the financial crisis”, *Journal of European Public Policy*, Volume 27, Issue 8, pp. 1157–1177.

(14) Hans Kundnani, “Discipline and Punish” , *Berlin Policy Journal*, 27 April 2018, https://berlinpolicyjournal.com/ discipline-and-punish/ を参照。

(15) 2015 年 7 月、ドイツのショイブレ財務相が、ギリシャの資産 500 億ユーロを民営化する前にルクセンブルクの信託に預け、債権団の条件に応じなければギリシャをユーロ圏から「一時的に」排除することを提案した。その後、イタリアの経済学者ルイジ・ジンガレスは次のように書いている。「欧州が IMF の粗悪バージョンに過ぎないとしたら、欧州統合事業に何が残るのだろうか？」Luigi Zingales, “The euro lives for another day, this European project is dead forever” , Europa o no, 14 July 2015, https://europaono.com/2015/07/14/ zingales-euro-lives-another-day-this-european-project-dead-forever-euro-sopravvive-altro-giorno-attuale-pro-getto-integrazione-europea-morto-per-sempre/.

(16) Claus Offe, *Europe Entrapped* (Cambridge: Polity, 2016) を参照。

(17) Konrad Popławski, “The Role of Central Europe in the German Economy. The Political Consequences” , Centre for Eastern Studies, May 2016, p. 6, https://www.osw. waw.pl/en/publikacje/osw-report/2016–05–16/role-central-europe-german-economy-political-consequences.

Studies, Volume 40, Issue 2, 2002, pp. 235–258.

(51) 「規範的権力」と自己反省の欠如については、次を参照。Thomas Diez, "Constructing the Self and Changing Others: Reconsidering 'Normative Power Europe'", *Millenium: Journal of International Politics*, Volume 33, Issue 3, 2016, pp. 613–636.

(52) 例えば、Robert Kagan, *Of Paradise and Power. America and Europe in the New World Order* (New York: Knopf, 2003) 参照。ケーガンは次のように書いている。「欧州はパワーから遠ざかりつつある。もう少し違う言い方をすれば、パワーを超えて、法律や規則、国境を越えた交渉や協力の自己完結的な世界へと移行しつつある。欧州は、平和と相対的繁栄の歴史以後の楽園、カントの『恒久平和』の実現に向かっている。一方、米国は、国際法とルールが信頼できず、真の安全保障と自由主義秩序の防衛と推進が依然として軍事力の保有と行使に依存している無政府状態のホッブズ的世界で権力を行使し、歴史に取り残されたままである。だからこそ、今日の主要な戦略的・国際的問題において、米国人は火星出身で、欧州人は金星出身なのである。両者はほとんど意見が一致せず、徐々に互いを理解することも少なくなっている」(p.1)

(53) Jürgen Habermas and Jacques Derrida, "Unsere Erneuerung. Nach dem Krieg: Die Wiedergeburt Europas" ["Our Renewal. After the War: The rebirth of Europe"], *Frankfurter Allgemeine Zeitung*, 31 May 2003.

(54) Jan-Werner Müller, "European intellectuals need to quit playing the 'identity game'", *Politico*, 9 July 2003, https://www.politico.eu/article/europes-intellectuals-need-toquit-playing-the-identity-game/. EU の理想化、自己反省の欠如、欧州と EU の混同を示す、このような欧州と米国の対比のもうひとつの典型的な例として、ベックとグランデは次のように書いている。「米国は軍事力を持っているが、道徳的、正当化する力を欠いている。欧州は弱いが、正当化する力と道徳性、法を持っている」。Beck/Grande, Cosmopolitan Europe, p. 255.

▼第5章

(1) Jean-Claude Juncker Interview: "The Demons Haven' t Been Banished", *Spiegel Online*, 11 March 2013, http://www.spiegel.de/international/europe/spiegel-interview-with-luxembourg-prime-minister-junckera-888021.html.

(2) この点で特に重要だったのは、メルケル首相がユーロ圏の危機対応に IMF を加えるよう主張したときのことだ。ギリシャのパパコンスタンティヌ財務相によると、フランスのサルコジ大統領は彼にこう言ったという。「IMF のことは忘れろ。IMF は欧州のためのものではない。アフリカのためだ。ブルキナファソのためだ！」Adam Tooze, *Crashed. How a Decade of Financial Crises Changed the World* (London: Allen Lane, 2018), p. 333 に引用。

(3) 例えば、Ivan Krastev and Mark Leonard, "New World Order: The balance of soft power and the rise of the herbivorous powers", European Council on Foreign Relations, 2007, https://ecfr.eu/wp-content/uploads/ECFR-01_NEW_WORLD_ORDER_-_THE_ BALANCE_OF_SOFT_POWER.pdf を参照。

(4) European Council on Foreign Relations, European Foreign Policy Scorecard 2012, January 2012, p. 11, https://ecfr.eu/archive/page/-/ECFR_SCORECARD_2012_WEB. pdf. 原著者のハンス・クンドナニは

choice.html.

(36) James Mark and Quinn Slobodian, "Eastern Europe in the Global History of Decolonization" , in Martin Thomas and Andrew Thompson, *The Oxford Handbook of the Ends of Empire* (Oxford: Oxford University Press, 2019), pp. 351–372. 特に p. 352。

(37) Ibid., p. 353.「ユーラフリカ」構想は、中・東欧の人々に「植民地経験の共有」を提供し、歴史的不公正を是正することを意図している。Benjamin J. Thorpe, "Eurafrica: A Pan-European Vehicle for Central European Colonialism (1923–1939)" , *European Review*, Volume 26, Issue 3, 2018, pp. 503–513 を参照。

(38) Maria Mälksoo, "The Memory Politics of Becoming European: The East European Subalterns and the Collective Memory of Europe" , *European Journal of International Relations*, Volume 15, Issue 4, 2009, pp. 653– 680 を参照。1995 年、欧州議会は 1 月 27 日をホロコースト記念日とすることに合意した。2009 年には、8 月 23 日を「すべての全体主義・権威主義体制の犠牲者を追悼するヨーロッパ・デー」とすることにも合意した。

(39) Beck and Grande, *Cosmopolitan Europe*, pps. 9, 132.

(40) Milan Kundera, "The Tragedy of Central Europe" , *New York Review of Books*, 26 April 1984, pp. 33–38, 特に p. 33. 初出は "Un Occident kidnappé ou la tragédie de l' Europe centrale" , *Le Débat,* Issue 5, 1983, pp. 3–23.

(41) ペリー・アンダーソンは、中欧とは「中心であると同時に境界であると宣言している空間」であると的確に述べている。Perry Anderson, "The Europe to come" , *London Review of Books*, 25 January 1996.

(42) Ian Black, "Christianity bedevils talk on EU treaty" , *The Guardian*, 24 May 2004, https://www.theguardian.com/world/2004/may/25/eu.religion.

(43) Talal Asad, "Muslims and European Identity: Can Europe represent Islam?" , in Anthony Pagden (ed.), *The Idea of Europe: From Antiquity to the European Union* (Cambridge: Cambridge University Press, 2002), p. 219.

(44) Wolff, *Investing Eastern Europe*, p. 15.

(45) József Böröcz, "'Eurowhite' Conceit, 'Dirty White' Ressentiment: 'Race' in Europe" , *Sociological Forum*, Volume 36, Issue 4, December 2021, pp. 1116–1134. 特に p. 1116.

(46) Ibid., p. 1129.

(47) Wilkinson, *Authoritarian Liberalism and the Transformation of Modern Europe*, p. 159.

(48) François Duchêne, "The European Community and the Uncertainties of Interdependence" , in Max Kohnstamm and Wolfgang Hager (eds.), *A Nation Writ Large? Foreign Policy Problems before the European Community* (Basingstoke: Macmillan, 1973). Jan Orbie, "Civilian Power Europe: Review of the Original and Current Debates" , *Cooperation and Conflict*, Volime 41, Issue 1, March 2006, pp. 123–128.

(49) Norbert Elias, *The Civilizing Process* (Oxford: Blackwell, 1994). Originally published in German in 1939 as Über den Prozeß der Zivilisation.

(50) EIan Manners, "Normative Power Europe: A Contradiction in Terms?" , *Journal of Common Market*

Postcommunist Countries (Cambridge: Cambridge University Press, 2018); David Ost, *The Defeat of Solidarity. Anger and Politics in Postcommunist Europe* (Ithaca: Cornell University Press, 2007); Philipp Ther, *Europe since 1989*: A History (Princeton: Princeton University Press, 2016).

(21) Ivan Krastev, "The Strange Death of the Liberal Consensus", *Journal of Democracy*; Volume 18, Issue 4, October 2007, pp. 56–63, 特に pp. 58–59; Bickerton, *The European Union: A Citizen's Guide*, p. 170.

(22) Krastev, "The Strange Death of the Liberal Consensus", p 59.

(23) Jan Zielonka, "Europe's new civilising missions: the EU's normative power discourse", *Journal of Political Ideologies*, Volume 18, Issue 1, 2013, pp. 35–55。ここでは、p. 35。

(24) Ibid., p.40.

(25) Ibid., p.36.

(26) Ibid., p.38.

(27) Ibid., p.43.

(28) Ivan Krastev and Stephen Holmes, *The Light That Failed. A Reckoning* (London: Allen Lane, 2019)。特に pp.7–13 を参照。

(29) Olli Rehn, "Values define Europe, not borders", *Financial Times*, 3 January 2005, https://www.ft.com/content/c84dbbac-5dbc-11d9-ac01–00000e2511c8.

(30) EU におけるトルコの認識と、トルコの EU 加盟をめぐる言説の中で欧州がどのように構築されているかについては、Senem Aydın-Düzgit, *Constructions of European Identity. Debates and Discourses on Turkey and the EU* (Basingstoke: Palgrave, 2012) を参照。

(31) Pour ou contre l'adhésion de la Turquie à l' Union européenne", *Le Monde*, 8 November 2002, https:// www.lemonde.fr/europe/article/2002/11/08/pour-oucontre-l-adhesion-de-la-turquie-a-l-unioneuropeenne_297386_3214.html.

(32) Alain Gresh, "Malevolent fantasy of Islam", *Le Monde Diplomatique*, August 2005, https://mondediplo.com/2005/08/16lewis; David Gow and Ewen MacAskill, "Turkish accession could spell end of EU, says commissioner", *The Guardian*, 8 September 2004, https://www.theguardian.com/ world/2004/sep/08/turkey.eu. オランダ政治におけるボルケスタインの役割については、Merijn Oudenampsen, *The Rise of the Dutch New Right: An Intellectual History of the Rightward Shift in Dutch Politics* (London: Routledge, 2021) を参照。ペリー・アンダーソンは、「自由市場経済と反移民感情の強硬な組み合わせ」を持つボルケスタインを、「オランダ版イーノック・パウエル」であるとしている。Perry Anderson, *Ever Closer Union? Europe in the West* (London: Verso, 2021), p.81.

(33) Rehn, "Values define Europe, not borders".

(34) 「境界の撤廃」と「境界の再設定」という概念については、Frank Schimmelfennig, "Rebordering Europe: external boundaries and integration in the European Union", *Journal of European Public Policy*, Volume 28, Issue 3, 2001, pp. 311–330 を参照。

(35) Branko Milanovic, "Democracy of convenience, not of choice: why is Eastern Europe different", *Global Inequality*, 23 December 2017, http://glineq.blogspot.com/2017/ 12/democracy-of-convenience-not-of-

(77) Ernest Renan, "Qu'est-ce qu'une nation?" ["What is a nation?"] (1882). Anderson, *Imagined Communities*, p. 199.
※邦訳は、長谷川一年訳『国民とは何か』(講談社、2022年)

▼第4章

(1) Mark Leonard, *Why Europe Will Run the 21st Century* (London: Fourth Estate, 2005).
(2) Dipesh Chakrabarty, *Provincializing Europe: Postcolonial Thought and Historical Difference* (Princeton: Princeton University Press, 2007).
(3) 著者との会話。
(4) Fritz Scharpf, *Governing in Europe. Effective and Democratic?* (Oxford: Oxford University Press, 1999) を参照。
(5) Chris Bickerton, *The European Union. A Citizen's Guide*, (Harmondsworth: Penguin, 2016), p. 68.
(6) Ashoka Mody, *EuroTragedy. A Drama in Nine Acts* (New York: Oxford University Press, 2018), p. 160.
(7) Judt,*Postwar*, p. 715.(浅沼澄訳)『ヨーロッパ戦後史　下──1971-2005』(みすず書房、2008年)、337頁。ただし、当該部分は拙訳による。
(8) Declaration on European Identity, 14 December 1973.
(9) Presidency conclusions, Copenhagen European Council, 21–22 June 1993.
(10) 例えば1992年に欧州委員会の報告書はこう述べている:「新しい民主主義諸国にとって、欧州は依然として強力な理念であり、長年の抑圧の中で国民が守り続けてきた基本的な価値観と願望を示すものである」。European Commission report on Europe and the Challenge of Enlargement, 24 June 1992.
(11) Wilkinson, *Authoritarian Liberalism and the Transformation of Modern Europe*, p. 143.
(12) Ibid., p. 144.
(13) Lisbet Hooghe and Gary Marks, "A Postfunctionalist Theory of European Integration: From Permissive Consensus to Constraining Dissensus", *British Journal of Political Science*, Voluem 39, Issue 1, 2009, pp. 1–23.
(14) Peter Mair, "Political Opposition and the European Union", *Government and Opposition*, Volume 42, Issue 1, 2017, pp. 1–17.
(15) Larry Wolff, *Inventing Eastern Europe. The Map of Civilization on the Mind of the Enlightenment* (Palo Alto: Stanford University Press, 1994).
(16) Ibid., p. 5.
(17) Ibid., p. 7.
(18) ロシアについて書き、ヴァージニアに入植地を築いたことで知られたジョン・スミス船長のように、同じ旅行者である場合もあった。Ibid., pp. 10–11.
(19) Ibid., p. 9.
(20) Hilary Appel and Mitchell A. Orenstein, *From Triumph to Crisis: Neoliberal Economic Reform in*

Validity of a Concept"], in Heidemarie Uhl (ed.), *Zivilisatonsbruch und Gedächtniskultur. Das 20. Jahrhundert in der Erinnerung des beginnenden 21. Jahrhunderts* ["Civilisational Break and Memory Culture: The Twentieth Century in the Memory of the Early Twenty-First Century"] (Innsbruck: StudienVerlag, 2003), pp. 17–34.

(65) Wulf Kansteiner, "Transnational Holocaust Memory, Digital Culture and the End of Reception Studies" , in *The Twentieth Century in European Memory. Transcultural Mediation and Reception* (Leiden: Brill, 2017), pp. 305– 343, 特に p. 307. Aline Sierp and Jenny Wüstenberg, "Linking the Local and the Transnational: Rethinking Memory Politics in Europe" , *Journal of Contemporary European Studies*, Volume 23, Issue 3, 2015, pp. 321–329.

(66) この制度化はポスト冷戦期にさらに強化されることになる。例えば、2017 年にブリュッセルに開館した「欧州歴史館」である。この構想は、欧州議会議長のハンス＝ゲルト・ペテリング氏（ドイツ・キリスト教民主同盟）がその 10 年前に初めて提案したもので、ボンにある「歴史博物館」の欧州版として明確にイメージされていた。欧州の記憶文化がいかに西ドイツのモデルに倣ったものであるかを特に具体的に示している。

(67) Jan-Werner Müller, "On European memory", in Małgorzata Pakier and Bo Stråht (eds.), *A European Memory? Contested Histories and Politics of Remembrance* (New York: Berghahn, 2010), pp. 25–37, 特に p. 30.

(68) Aleida Assmann, "Europe: A Community of Memory?" *Bulletin of the German Historical Institute*, Issue 40, Spring 2007, pp. 11–25, 特に p. 13, https://www.ghi-dc.org/fileadmin/publications/Bulletin/bu40.pdf. Aleida Assmann, *Auf dem Weg zu einer europäischen Gedächtniskultur? Wiener Vorlesungen* ["Towards a Europe Memory Culture? Vienna Lectures"] (Vienna: Picus, 2012).

(69) Judt, *Postwar*, p. 803.『ヨーロッパ戦後史　上─1945-1971』、451 頁。ただし、当該部分は拙訳による。

(70) Ibid., p. 804.

(71) Aline Sierp, "EU memory politics and Europe's forgotten colonial past", *Interventions*, Voluem 22, Issue 6, 2020 pp. 686–702. 欧州歴史館における欧州植民地主義の歴史に関する沈黙については、次を参照。Veronika Settele, "Including Exclusion in European Memory? Politics of Remembrance at the House of European History", *Journal of Contemporary European Studies*, Volume 23, Issue 3, 2015, pp. 405–416.

(72) Avishai Margalit, *The Ethics of Memory* (Cambridge, MA: Harvard University Press, 2004), p. 80.

(73) Jürgen Zimmerer (ed.), *Kein Platz an der Sonne. Erinnerungsorte deutscher Kolonialgeschichte* ["No Place in the Sun: Sites of Memory of Germany's Colonial History"] (Frankfurt am Main: Campus, 2013).

(74) ヘレロ族とナマクア族の虐殺とホロコーストとの関係について、次を参照。Jürgen Zimmerer, *Von Windhuk nach Ausschwitz? Beiträge zum Verhältnis von Kolonialismus und Holocaust* ["From Windhoek to Auschwitz: On the Relationship Between Colonialism and the Holocaust"] (Münster: LIT, 2011).

(75) David Theo Goldberg, "Racial Europeanisation", *Ethnic and Racial Studies*, Voluem 29, Issue 2, 2006, pp. 331– 364, 特に p. 338.

(76) "A Union of minorities: Seminar on Europe—Against anti-Semitism, For a Union of Diversity" , Brussels, 19 February 2004, https://ec.europa.eu/commission/ presscorner/detail/en/SPEECH_04_85.

Jan-Werner Müller, "Beyond Militant Democracy?" *New Left Review*, Issue 73, January/February 2012, pp. 39–47.

(51) EECの正統性は、しばしば「インプットの正統性」(EECはこれを持たない)と「アウトプットの正統性」(EUはその政策の有効性によってこれを持つ)の対比で捉えられる。ここで主張したいのは、欧州統合の初期においてさえ、「アウトプットの正統性」だけでは欧州統合事業に対する市民の支持を確保するには不十分だったということである。

(52) On the 1976 agreement between the EC and Algeria, see Brown, *The Seventh Member State*, pp. 235–237.

(53) Brown, *The Seventh Member State*, p. 7.

(54) European Council Decision of 1 October 1987,in *Europe Archives*, Z 207. この地理的加盟基準は、マーストリヒト条約(TEU)のO条(「最終規定」)で「欧州のいかなる国も加盟を申請することができる」と正式に規定された。その後、リスボン条約の第49条では「第2条で言及される価値を尊重し、その促進に尽力する欧州のいかなる国も、加盟を申請することができる」と規定されている。

(55) マイケル・ウィルキンソンは「運命的なことも、解放的なことも、何もなかった」と的確に表現している。Michael Wilkinson, *Authoritarian Liberalism and the Transformation of Modern Europe* (Oxford: Oxford University Press, 2022), p. 4.

(56) Ibid., p. 4.

(57) Tony Judt, *A Grand Illusion? An Essay on Europe* (New York: New York University Press, 2011), p. 16. Judt, *Postwar*, pp. 159–164.

(58) Robert Saunders, *Yes to Europe! The 1975 Referendum and Seventies Britain* (Cambridge: Cambridge University Press, 2018), chapter 1.

(59) Oxford Union debate, 3 June 1975.

(60) Brendan Simms, *Britain's Europe. A Thousand Years of Conflict and Cooperation* (London: Allen Lane, 2006), p. 184.

(61) かつて植民地だったグリーンランドは、1973年に正式にデンマークに編入された。1979年には、デンマーク王国の一部であることに変わりはないが、より高度の自治権が認められた。1982年に住民投票が実施され、1985年にECを脱退した。グリーンランドのEC離脱については、次を参照。Kiran Klaus Patel, *Projekt Europa. Eine kritische Geschichte* ["Project Europe: A Critical History"] (Munich: C.H. Beck, 2018), pp. 267–271.

(62) Hansen, "In the Name of Europe", *Race & Class*, Volume 45, Issue 3, 2004, pp. 49–62, 特に p. 55. その後の欧州難民危機では、セウラとメリリャは火種になり、亡命希望者らがフェンスを乗り越えて、EU域内への入国を試みた。

(63) 歴史家論争については次を参照。Charles S. Maier, *The Unmasterable Past. History, Holocaust, and German National Identity* (Cambridge: Harvard University Press, 1998).

(64) Dan Diner (ed.), *Zivilisationsbruch. Denken nach Auschwitz* ["Civilisational Break. Thinking After Auschwitz"] (Frankfurt am Main: Fischer, 1988); Dan Diner, "Den Zivilisationsbruch erinnern. Über Entstehung und Geltung eines Begriffs" ["Remembering the Civilisational Break: On the Origins and

(41) Jean Monnet, *Mémoires* (Paris: Fayard, 1976), p. 339.

(42) Hansen/Jonsson, *Eurafrica*, pps. 24–25, 161; Hans-Peter Schwarz, *Konrad Adenauer. Volume II: The Statesman, 1952–1967* (Oxford: Berghahn, 1995), p. 191.

(43) Konrad Adenauer, *World Indivisible* (London: Allen and Unwin, 1956), cited in Betts, *Ruin and Renewal*, p. 135. アデナウアーは、アジアの大草原がブラウンシュヴァイクから始まる、と述べたとされている。西ドイツと東ドイツの概ね境界付近である。"Wo Asien beginnt" ["Where Asia Begins"], *Der Spiegel*, Issue 6, 1976, https://www.spiegel.de/politik/wo-asien-beginnt-a146217c4-0002-0001-0000-000041330760.

(44) "Protokoll der Verhandlungen des Parteitages der Sozialdemokratischen Partei Deutschlands vom 21. bis 25. Mai 1950 in Hamburg" ["Minutes of the discussions at the German Social Democratic Party Conference from 21 to 25 May 1950 in Hamburg"], p. 83, http://library. fes.de/parteitage/pdf/pt-jahr/pt-1950.pdf.

(45) Christian Pineau, *Suez* (Paris: Robert Laffont, 1976), p. 71.

(46) Philip Manow, "Die soziale Marktwirtschaft als interkonfessioneller Kompromiss? Ein Re-Statement" ["The social market economy as an inter-confessional compromise? A restatement"], *Ethik und Gesellschaft*, Issue 1, 2010, https://www.ethik-und-gesellschaft.de/ojs/index. php/eug/article/view/1-2010-art-1/111. 親英派で自由貿易主義者のエアハルトは、「欧州の不純物」であるとみて、EECの創設に反対した (Hansen/Jonsson, *Eurafrica*, p. 160)。 ミュラー＝アルマックは「帝国のコストを欧州化させる試み」であると正確に見抜き、ローマ条約に海外植民地を含めることにとりわけ反対した。Quinn Slobodian, *Globalists. The End of Empire and the Birth of Neoliberalism* (Cambridge, MA.: Harvard University Press, 2018), p. 194.

(47) リスボン条約第1編第3条第3項は「連合は、均衡のとれた経済成長および価格安定性に基づく欧州の持続可能な発展、完全雇用および社会的進歩を目指す高度に競争的な社会的市場経済、ならびに環境の質の高水準の保護と改善に向けて活動するものとする。連合は科学技術の進歩を推進するものとする」としている。訳文は「欧州憲法条約 ― 解説及び翻訳 ―」(平成16年9月、衆院憲法調査会事務局。中村民雄訳）に従った。https://www.shugiin.go.jp/internet/itdb_kenpou.nsf/html/kenpou/chosa/shukenshi056.pdf/$File/shukenshi056.pdf.

(48) 欧州における福祉国家の登場については次を参照。Judt, Postwar, pp. 72–77.『ヨーロッパ戦後史（上）―1945-1971』、93-99頁。ただし、当該部分は拙訳による。

(49) Gøsta Esping-Andersen, *The Three Worlds of Welfare Capitalism* (Princeton: Princeton University Press, 1990).
※邦訳は、岡沢憲芙・宮本太郎監訳『福祉資本主義の三つの世界 ―比較福祉国家の理論と動態』（ミネルヴァ書房、2001年）

(50) Jan-Werner Müller, *Contesting Democracy. Political Ideas in Twentieth-Century Europe* (New Haven: Yale University Press, 2013);
※邦訳は、板橋拓己・田口晃監訳『試される民主主義 ―20世紀ヨーロッパの政治思想（上・下)』（岩波書店、2019年）

(20) アルジェリアの石油について次を参照。Helen Thompson, *Disorder. Hard Times in the 21st Century* (Oxford: Oxford University Press, 2022), pp. 46–47; Brown, The Seventh Member State, pp. 168–169.

(21) Hansen/Jonsson, *Eurafrica*, pp. 171–174.

(22) Ibid., pp. 175–176.

(23) Ibid., p. 238.

(24) Kwame Nkrumah, Address to the Ghana National Assembly, 30 May 1961, quoted in Ibid., p. 270. On Nkrumah and the EEC see also Lindsay Aqui, "Macmillan, Nkrumah and the 1961 Application for European Economic Community Membership", *The International History Review*, Volume 39, 2017, pp. 575–591.

(25) Alan Milward, *The European Rescue of the Nation-State* (Abingdon: Routledge, 1992).

(26) Brown, *The Seventh Member State*, p. 3.

(27) Tony Judt, *Postwar. A History of Europe since 1945* (New York: Penguin, 2005), p. 281. トニー・ジャット（森本醇訳）『ヨーロッパ戦後史　上──1945-1971』、359 頁（みすず書房、2008 年）。ただし、本書では拙訳による。

(28) 例えば、トニー・ジャットは「カール大帝の 9 世紀の帝国は、奇妙なほど正確に現加盟国 6 か国に一致していた」と書いている。Tony Judt, *A Grand Illusion? An Essay on Europe* (New York: New York University Press, 2011), p. 46.

(29) Hansen/Jonsson, *Eurafrica*, p. 244.

(30) Judt, *Postwar*, p. 309.『ヨーロッパ戦後史　上─1945-1971』、396-397 頁。ただし、当該部分は拙訳による。

(31) Paul Betts, *Ruin and Renewal. Civilising Europe after World War II* (London: Profile, 2020), p. 3.

(32) Ibid., p. 86.

(33) Ibid., pps. 134, 154.

(34) Michael Kimmage, *The Abandonment of the West. The History of an Idea in American Foreign Policy* (New York: Basic Books, 2020), p.13. 米国の外交政策論議において、西側という概念は「文化的親和性や戦略的立場ではなく、これら 2 つの複雑で流動的な組み合わせ」を表現していた、とキンメイジは書いている。

(35) キリスト教民主主義と欧州統合について次を参照。Wolfram Kaiser, *Christian Democracy and the Origins of European Union* (Cambridge: Cambridge University Press, 2007).

(36) Rosario Forlenza, "The politics of the Abendland: Christian Democracy and the idea of Europe after the Second World War", *Contemporary European History*, Volume 26, Issue 2, 2017, pp. 261–286.

(37) Roy, *Is Europe Christian?*, p. 1.

(38) Betts, *Ruin and Renewal*, p. 135.

(39) Forlenza, "The politics of the *Abendland*", p. 281.

(40) Speech (extract) by Richard Nikolaus Count of Coudenhove-Kalergi, https://www.karlspreis.de/en/laureates/richard-nikolaus-graf-coudenhove-kalergi-1950/ speech-extract-by-richard-nikolaus-count-of-coudenhove-kalergi.

(49) 例えば、Morin, *Penser l' Europe*, p. 15 を参照。

(50) Weller, *The Idea of Europe*, p. 5.

▼第3章

(1) Schuman Declaration, 9 May 1950, https://europeanunion.europa.eu/principles-countries-history/history-eu/ 1945–59/schuman-declaration-may-1950_en.

(2) Beck and Grande, *Cosmopolitan Europe*, p. 79.

(3) "The Nobel Peace Prize for 2012", 12 October 2012, https://www.nobelprize.org/prizes/peace/2012/press-release/.

(4) Timothy Snyder, "Europe's Dangerous Creation Myth" , Foreign Policy, *Politico*, 1 May 2019, https://www.politico.eu/article/europe-creation-project-myth-historynation-state/. The article is based Snyder' s Dahrendorf lecture at St. Antony' s College, Oxford, 3 May 2019, available at https://www. youtube.com/watch?v=Dsy2assQ6uU.

(5) Snyder, "Europe's Dangerous Creation Myth"

(6) See Hansen/Jonsson, *Eurafrica*, p. 121.

(7) Snyder, "Europe's Dangerous Creation Myth".

(8) Mark Leonard, "The meaning of pro-Europeanism——a response to Hans Kundnani" .

(9) Italian Somaliland remained a United Nations territory under Italian administration until its independence as Somalia in 1960.

(10) オランダはカリブ海の6島とともに、オランダ領ニューギニアを1963年にインドネシアの一部となるまで領有した。Bart Luttikhuis and A. Dirk Moses (eds.), *Colonial Counterinsurgency and Mass Violence: The Dutch Empire in Indonesia* (Abingdon: Routledge, 2014).

(11) アルジェリアは公式には海外県の集まりとされたが、フランス本土の件とは異なる取り扱いを受けていた。市民の権利は民族別に異なっており、植民地として統治されていた。欧州人の入植者とその末裔には完全な市民権が与えられたのに対し、いわゆる「原住民」(*indigènes*) と呼ばれたイスラム教徒のアルジェリア人には与えられなかった。

(12) Hansen/Jonsson, *Eurafrica*, p. 95.

(13) 欧州を「第3の勢力」とする考えについては次を参照。Ibid., pps. 72, 109, 116.

(14) Ibid., p. 123. Megan Brown, *The Seventh Member State. Algeria, France, and the European Community* (Cambridge: Harvard University Press, 2022), p. 74.

(15) Ibid., pp. 121–122.

(16) Megan Brown, "France Can't Erase Algeria From Its History", *Foreign Policy*, 8 April 2022,

(17) Brown, *The Seventh Member State*, p. 20.

(18) Hansen/Jonsson, *Eurafrica*, p. 235.

(19) Ibid., pp. 157–167.

と書いている（*Akademie Ausgabe von Immanuel Kants Gesammelten Werken*, Volume XV, p. 878.）。

(31) Gilroy, *The Black Atlantic*, p. 43. チャールズ・ミルズ（Charles Mills）は少し違った言い方をしており、「人種的に制限された人」について書いている。ミルズは人間性と人格性を区別し、カントは非白人が人間であることは認めたが、人種的に制約された方法で定義された「人」とは見ていなかったと示唆している。そうではなく、彼らは「亜人」であり、白人と同じ自由と権利を道徳的に受ける資格はなかった。Mills, “Kant’ s Untermenschen” , pp. 169–171.

(32) Sankar Muthu, *Enlightenment Against Empire* (Princeton: Princeton University Press, 2003) を参照。

(33) Kenan Malik, *Not So Black and White. A History of Race from White Supremacy to Identity Politics* (London: Hurst, 2023), p. 23.

(34) カントはしばしば「科学的」人種主義誕生の中心人物の一人と見なされる。Mills, “Kant’s Untermenschen”, p. 173 を参照。

(35) Peo Hansen/Stefan Jonsson, *Eurafrica. The Untold Story of European Integration and Colonialism* (London: Bloomsbury, 2014), p. 42 に引用されている。

(36) Weller, *The Idea of Europe*, p. 146.

(37) Frantz Fanon, *The Wretched of the Earth* (Harmondsworth: Penguin, 1990), p. 252.
※邦訳は、鈴木 道彦・浦野衣子訳『地に呪われたる者〔新装版〕』（みすず書房、2015 年／ 1969 年初版）。原著はフランス語（ファノンはフランス領マルティニーク島出身）で、原題 “Les Damnés de la terre” は、著名な歴史的革命運動歌「インターナショナル」の冒頭の歌詞に由来。また本書の序文はサルトルが執筆している。

(38) Hansen/Jonsson, *Eurafrica*, p. 41.

(39) José Ortega y Gasset, *Revolt of the Masses* (New York: Norton, 1957 [1932]), p. 183.
※原著は、著者の母語であるスペイン語（*La rebelión de las masas*, 1929）。邦訳は、岩波文庫版『大衆の反逆』（佐々木孝訳、岩波書店、2020 年）ほか多数。

(40) Weller, *The Idea of Europe*, p. 158 を参照。

(41) Ute Frevert, “Europeanizing German History”, *Bulletin of the German Historical Institute*, Issue 36, Spring 2005, pp. 9–24, here p. 19, https://www.ghi-dc.org/publication/bulletin-36-spring-2005.

(42) W.E.B. Du Bois, “Of the Culture of White Folk”, *Journal of Race Development*, Volume 7, Issue 4, April 1917, pp. 434–447, here p. 446.

(43) Hansen/Jonsson, *Eurafrica*, pp. 54–5.

(44) Richard N. Coudenhove-Kalergi, *Pan-Europe* (New York: Knopf, 1926), p. 192.

(45) Hansen/Jonsson, Eurafrica, pp. 26–27 を参照。

(46) Richard Coudenhove-Kalergi, “Afrika” , *Paneuropa*, Volume 5, Issue 2, 1929, p. 3. クーデンホーフ＝カレルギーは、自身の「ユーラフリカ」事業が 1884 ～ 5 年のベルリン会議の「精神に則った」ものであることを明言している。(Coudenhove-Kalergi, “Afrika” , p. 17). See also Hansen/ Jonsson, *Eurafrica*, p. 38. Hansen and Jonsson describe Coudenhove-Kalergi as a “fully-fledged biological racist” .

(47) Hansen/Jonsson, *Eurafrica*, p. 28 を参照。

(48) Weller, *The Idea of Europe*, pps. 117, 81.

(21) Emmanuel Wallerstein, *European Universalism. The Rhetoric of Power* (New York: New Press, 2006), p. xii. ※邦訳は、山下範久訳『ヨーロッパ的普遍主義——近代世界システムにおける構造的暴力と権力の修辞学』(明石書店、2008年)

(22) Paul Gilroy, *The Black Atlantic. Modernity and Double Consciousness* (London: Verso, 1992), p. 43.

(23) Sudhir Hazareesingh, *Black Spartacus. The Epic Life of Toussaint Louverture* (Harmondsworth: Penguin, 2021), pp. 4–5.

(24) ギリシャにおける奴隷制の正当化については、Eberl, *Naturzustand und Barbarei*, pp. 77–91を参照。

(25) David Brion Davis, *The Problem of Slavery in the Age of Revolution* (Oxford: Oxford University Press, 1999), p. 263.

(26) Susan Buck-Morss, *Hegel, Haiti, and Universal History* (Pittsburgh: University of Pittsburgh Press, 2009), p. 21.
※邦訳は、岩崎稔・高橋明史訳『ヘーゲルとハイチ——普遍史の可能性にむけて』(法政大学出版局、2017年)

(27) Ibid., p. 149 (強調箇所は原本の通り。)

(28) カント研究者の間では、カントの人種論をどのように理解すべきか、特に、彼が大いに称賛したコスモポリタニズムとどのような関係があるのか、また、彼の見解が時代とともに進化したのかどうかについて、広範な議論が交わされている。以下を参照。Emmanuel Chukwudi Eze, “The Idea of ‘Race’ in Kant’ s Anthropology” , *Bucknell Review*, Volume 38, Issue 2, January 1995, pp. 200–241; Robert Bernasconi, “Who invented the concept of race? Kant’ s role in the Enlightenment construction of race” , in Robert Bernasconi (ed.), *Race* (Oxford: Blackwell, 2001); Robert Bernasconi, “Kant as an unfamiliar source of racism” , in Julie K. Ward and Tommy L. Lott (eds.), *Philosophers on Race*: Critical Essays (Oxford: Blackwell, 2002), p. 145–166; Charles W. Mills, “Kant’s Untermenschen”, in Andrew Valls (ed.), *Race and Racism in Modern Philosophy* (Ithaca: Cornell University Press, 2005), pp. 169–193; Pauline Kleingeld, “Kant’ s second thoughts on race” , *Philosophical Quarterly*, Volume 57, Issue 229, October 2007, pp. 573–592; Robert Bernasconi, “Kant’ s Third Thoughts on Race” , in Stuart Elden/Eduardo Mendieta (eds.), *Reading Kant’s Geography* (Albany: State University of New York Press, 2011), pp. 291–318; Charles W. Mills, “Kant and Race, Redux,” *Graduate Faculty Philosophy Journal*, Volume 35, Issue 1–2, 2014, pp. 125–57. Eberl, *Naturzustand und Barbarei*, pp. 316–361; Robbie Shilliam, *Decolonizing Politics. An Introduction* (London: Wiley, 2021), chapter 2.

(29) Immanuel Kant, “On the Different Races of Human Beings”, Holly Wilson / Günter Zöllerによる翻訳, in Robert B. Louden and Günter Zöller (eds.), *The Cambridge Edition of the Works of Immanuel Kant: Anthropology, History and Education* (Cambridge: Cambridge University Press, 2007), pp. 82–97, 特に p. 87. (“Von den verschiedenen Racen der Menschen”, *Akademie Ausgabe von Immanuel Kants Gesammelten Werken*, Volume II, pp. 427–443, here p. 432.)

(30) ドイツ語の原文では、カントは白人種の「起源は欧州にある」と書いている。彼の類型論は特異なもので、北アフリカ、中東、アジアの一部の人々を「白人」に含めていた。1770年代の未発表のメモの中で、カントは黒人やアメリカ原住民は「自分自身を統治することができない」「奴隷としてしか役に立たない」

使用した方法については、Oliver Eberl, *Naturzustand und Barbarei. Begründung und Kritik staatlicher Ordnung im Zeichen des Kolonialismus*［"State of Nature and Barbarism: Justification and Criticism of State Order under the Sign of Colonialism"］(Hamburg: Hamburger Edition, 2021), pp. 77–91 を参照。

(6) *The Triumph of the West* (1985) の中で、アダム・ロバーツは「『欧州人』という言葉は、8 世紀にカール大帝がトゥールで（イスラム軍に）勝利したことを示す文献に初めて登場するようだ」と書いている。Hall and Gieben, *Formations of Modernity*, p. 289 に引用されている。カール大帝はその後、欧州の極右にとって、共鳴者となった。例えば、1970 年代には「カール大帝グループ」と名乗るフランスの反アラブ・テロ組織がアルジェリアの攻撃目標を攻撃した。これらについて、クイン・スロボディアンから教えていただき、感謝申し上げる。

(7) Weller, *The Idea of Europe*, p. 24.

(8) Denys Hay, *Europe: The Emergence of an Idea* (Edinburgh: Edinburgh University Press, 1957), p. 58.

(9) ヘイは「13 世紀までには、十字架は黒海から大西洋まで、地中海から北極圏まで、普遍的なシンボルとなっていた」と書いている。Hay, *Europe*, p. 20.

(10) Hay, *Europe*, p. 109.

(11) Hay, *Europe*, pps. 37, 95, 96. 欧州によるキリスト教の「没落」については、Mark Greengrass, *Christendom Destroyed: Europe 1517–1648* (Harmondsworth: Penguin, 2014) も参照。

(12) Weller, *The Idea of Europe*, p. 27. On Pius II, see also Hay, *Europe*, pp. 83–87.

(13) Hay, *Europe*, pp. 51–52; Jinty Nelson, "Charlemagne and Europe", *Journal of the British Academy*, Volume 2, 2014, pp. 125–152 も参照。

(14) See Hall and Gieben (eds.), Formations of Modernity, p. 292 を参照。近代ヨーロッパにおけるキリスト教の進化と役割に関するより長い議論については、Olivier Roy, *Is Europe Christian?* (London: Hurst, 2019) も参照。

(15) David Theo Goldberg, "Is Europe White? Assessing the Role of Whiteness in Europe Today", LSE online event, 15 March 2021, https://www.youtube.com/watch?v= 2VKK2ukZW_s.

(16) "'In but not of Europe' : Europe and its myths" . 欧州におけるアフリカ系住民の存在については、次を参照。Olivette Otele, *African Europeans. An Untold History* (London: Hurst, 2020).

(17) コロンブスの 4 回の航海は、彼や彼と一緒に航海した人々が書いた手紙や公文書に記録されている。彼らの多くは生き残らなかったが、研究者はそれらを入手し、引用している。ゴンサロ・フェルナンデス・デ・オビエド船長は、1547 年に次の通り、公式の航海記録（*Historia general y natural de las Indias*）を出版した。コロンブスの 4 度目の訪問に同行した息子のエルナンドは、1571 年に伝記を出版した。

(18) Theodore W. Allen, *The Invention of the White Race* (London: Verso, 1994/1997). アレンは、記録されている白人性への最初の言及は 1691 年であると主張している。

(19) アレンのような「白人性」の概念に関する歴史は、アメリカ合衆国となった地域における使用に焦点を当てる傾向がある。私の知る限り、「欧州の白人性」と呼ばれるもの、つまり欧州そのものと欧州植民地におけるこの用語の使用について、それに相当する歴史はない。

(20) Jean-François Niort, *Le Code Noir. Idees recues sur un texte symbolique* (Paris: Le Cavalier Bleu, 2015) を参照。

right ideology", *Ethnic and Racial Studies*, Volume 44, Issue 11, 2021, pp. 2016–2033 を参照。この論考は特に、イタリア社会運動（2022 年に政権の座に就いた「イタリアの同胞」の前身）とフランスの「国民戦線」（現在の国民連合）の文献に着目している。

(52) Rogers Brubaker, "Between nationalism and civilizationism: the European populist moment in comparative perspective", *Ethnic and Racial Studies*, Volume 40, Issue 8, 2017, pp. 1191–1226.

(53) Merijn Oudenampsen は、オランダの場合、中道右派が単純に極右のアジェンダの要素を取り入れたのではなく、より複雑な双方向のプロセスがあり、誰が誰の考えを採用したのかを確定するのは難しいと論じている。Merijn Oudenampsen, *The Rise of the Dutch New Right: An Intellectual History of the Rightward Shift in Dutch Politics* (London: Routledge, 2021), 特に pp. 44–48 を参照。

(54) 白人代替理論の起源と影響については、以下を参照。Thomas Chatterton Williams, "The French origins of 'You will not replace us'", New Yorker, 27 November 2017, https://www.newyorker.com/magazine/2017/12/04/the-french-origins-of-you-will-not-replace-us; Nellie Bowles, "'Replacement Theory', a Racist, Sexist Doctrine, Spreads in Far-Right Circles", *New York Times*, 18 March 2019, https://www. nytimes. com/2019/03/18/technology/replacement-theory.html; Nicholas Confessore and Karen Yourish, "A Fringe Conspiracy Theory, Fostered Online, Is Refashioned by the G.O.P.", *New York Times*, 15 May 2022, https://www.nytimes. com/2022/05/15/us/replacement-theory-shootingtucker-carlson.html.

(55) Norimitsu Onishi, "In France, a Racist Conspiracy Theory Edges Into the Mainstream", *New York Times*, 15 February 2022, https://www.nytimes.com/2022/02/15/world/europe/france-elections-pecresse-great-replacement.html.

(56) 同様の議論については、Andrew Glencross, "The EU and the Temptation to Become a Civilizational State", *European Foreign Affairs Review,* Volume 26, Issue 2, 2021, pp. 331–350 を参照。

▼第 2 章

(1) Mark Leonard, "The meaning of pro-Europeanism—a response to Hans Kundnani", *New Statesman*, 22 February 2021, https://www.newstatesman.com/world/2021/02/ meaning-pro-europeanism-response-hans-kundnani. この定式は最初、デンマークの国際関係論者オーレ・ヴェーヴァが EU の安全保障理解に関連して用いた。Ole Wæver, "European Security Identities", *Journal of Common Market Studies,* Volume 34, Issue 1, March 1996, pp. 103–132, here p. 122 を参照。

(2) Luuk van Middelaar, "Europa heeft zich van zeen geschiedenis afgesneden", *NRC*, 19 May 2021, https://www.nrc.nl/ nieuws/2021/05/19/europa-heeft-zich-van-zijn-geschiedenis-afgesneden-a4044010 (last accessed 31 March 2023); "L' Europe est-elle post-chrétienne?", *Le Grand Continent*, 14 October 2021, https://legrandcontinent.eu/fr/2021/10/14/leurope-estelle-post-chretienne/.

(3) Morin, Penser, *l'Europe*, pp. 251-253.

(4) Shane Weller, *The Idea of Europe. A Critical History* (Cambridge: Cambridge University Press, 2021), p. 16.

(5) 古代ギリシャにおける野蛮の概念の使用、特にアリストテレスとプラトンが奴隷制を正当化するためにも言及している。（例えば、p. 186。）

(35) Anderson, p. 141.

(36) "'Le nationalisme, c' est la guerre', déclare François Mitterrand", *Le Monde*, 19 January 1995, https://www. lemonde.fr/archives/article/1995/01/19/le-nationalisme-c-est-la-guerre-declarc-francois-mitterrand_3835927_1819218.html.

(37) Partha Chatterjee, *The Nation and Its Fragments: Colonial and Postcolonial Histories* (Princeton: Princeton University Press, 1993), p. 4.

(38) Ibid., p. 3.

(39) Amie Tsang, "E.U. Seeks Solidarity as Nations Restrict Medical Exports", *New York Times*, 7 March 2020, https://www.nytimes.com/2020/03/07/business/euexports-medical-equipment.html.

(40) Michael Peel, Jim Brunsden and Richard Milne, "EU to curb exports of protective gear for coronavirus", *Financial Times*, 15 March 2020, https://www.ft.com/content/ 36fac94a-66b8-11ea-800d-da70cff6e4d3.

(41) Ursula von der Leyenによるツイート, 15 March 2020, https:// twitter.com/vonderleyen/status/1239221732218744833?s=20&t=vAVoI3khYA823Xb6pEtIjA.

(42) Wolfgang Ischingerによるツイート, 30 May 2020, https://twitter.com/ischinger/status/1266620632248320000?s=20&t=Nl_9TLJlRScVzJidrEVTbw.

(43) Hans Kundnani, "Le passé impensé: pour un récit critique européen", *Le Grand Continent*, 20 October 2021, https://legrandcontinent.eu/fr/2021/10/26/le-passe-impense-pour-un-recit-critique-europeen/ を参照。

(44) スチュアート・ホールが言うように、欧州は「歴史的な不安定さと、他の歴史との深い相互関係を否定する」傾向がある。Stuart Hall, "'In but not of Europe' : Europe and its myths", *Soundings*, Issue 22, Winter, 2002–03, pp. 57–69, 特に p. 61, https://journals.lwbooks.co.uk/ soundings/vol-2002-issue-22/article-6929/. Paul Gilroy and Ruth Wilson Gilmore, *Selected Writings on Race and Difference* (New York: Duke University Press, 2021), pp. 374–385 にて再録。

(45) Ibid., p. 60.

(46) Stuart Hall, "The West and Rest: Discourse and Power", in Stuart Hall and Bram Gieben (eds.), *Formations of Modernity* (Oxford/Cambridge: Polity Press in association with Basil Blackwell and the Open University, 1992), pp. 276–320, 特に p. 279。

(47) Linda Colley, Britons. *Forging the Nation 1707–1837* (New Haven: Yale University Press, 1992), p. xvi.

(48) ドイツ人のアイデンティティもまた、古代ローマ帝国や宗教改革後のカトリック教会といったローマを他者とする神話に基づいていた。Herfried Münkler, *Die Deutschen und ihre Mythen* (Reinbek: Rowohlt, 2010) を参照。

(49) Habermas, "Toward a Cosmopolitan Europe" , p. 98.（強調箇所は原文の通り。）

(50) Edgar Morin, *Penser l' Europe* (Paris: Gallimard, 1990), p. 195. 一方、ベックとグランデは、「運命共同体」としての欧州という考え方を明確に否定している。Beck/Grande, Cosmopolitan Europe, p. 132.

(51) 例えば、Marta Lorimer, "What do they talk about when they talk about Europe? Euro-ambivalence in far

York: NOTES 185 pp. [23–25] Norton, 2019), p. 71. 米国のナショナリズムの市民的・人種的バージョンについては、Gary Gerstle, *American Crucible. Race and Nation in the Twentieth Century* (Princeton: Princeton University Press, 2017) も参照。

(22) Calhoun, introduction to Kohn, p. xl. ここでは、コーンが使った狭い意味での「民族的」ではなく、「民族的・文化的」という言葉を使っている。これには宗教に基づくアイデンティティも含まれるが、民族と宗教の区別は曖昧である。特に欧州ではそうで、人種差別は常に「肌の色」と同じくらい文化や宗教に関係してきた。例えば、ポール・ギルロイは「文化的境界線」と「肌の色による境界線」について書いている。Paul Gilroy, *Between Camps. Nations, Cultures, and the Allure of Race* (London: Routledge, 2004), p. 1. 私が「民族的・文化的」という用語を使っているのは、「新人種主義」、つまり、生物学よりもむしろ文化に基づく人種差別の新しい様式であり、「文化主義」の人種主義、あるいは「人種なき人種主義」とも呼ばれる。Etienne Balibar, "Is There a 'Neo-Racism' ?", in Etienne Balibar and Immanuel Wallerstein, *Race, Nation, Class. Ambiguous Identities* (London: Verso, 2010), pp. 17–28 を参照。

(23) Calhoun, introduction to Kohn, pp. xxxiv, xli.

(24) Benedict Anderson, *Imagined Communities. Reflections on the Origin and Spread of Nationalism* (London: Verso, 1983; Revised Edition 1991).
※邦訳は、白石隆・白石さや訳『定本 想像の共同体――ナショナリズムの起源と流行』(書籍工房早山、2007 年)。

(25) Ibid., p. 42.

(26) Ibid., p. 36.

(27) Ibid., p. 12.

(28) ベックとグランデは「コスモポリタン・ヨーロッパ」についての研究の中で、欧州を「想像の共同体」とみなす考えにも言及している。Beck/Grande, Cosmopolitan Europe, p. 7.

(29) Anderson, *Imagined Communities*, p. 6.

(30) Ibid., p. 6.

(31) Ibid., p. 7. (強調箇所は原文の通り。)

(32) ベックとグランデも同様に、国家を「限られた領土範囲」を持つものとしている。対照的に、彼らの「コスモポリタン的な欧州」は、国境と地理が可変であり、開放的である。 Beck/Grande, *Cosmopolitan Europe*, p. 13.

(33) Hannah Arendt, "Rand School Lecture" (1948), in *Essays in Understanding, 1930–1954* (New York: Harcourt, Brace & Company, 1994), pp. 217–228, 特に p. 222.
※邦訳は、齋藤純一・山田正行・矢野久美子訳『アーレント政治思想集成 2――理解と政治』(みすず書房、2002 年) 所収「ランドスクール講義」。

(34) これまで見てきたように、彼らは欧州をコスモポリタン的なものと理解しているが、ベックとグランデは、ナショナリズムに類似した、しかし大陸規模の、欧州に関する異なる概念の可能性についても簡潔に論じている。「深く動揺している欧州」は、「文明という概念を用いて、対立するナショナリズムを取り込み、中和するような汎大陸的な欧州のアイデンティティを確立する」という誘惑に駆られる可能性があると述べている。Beck/Grande, *Cosmopolitan Europe*, p. 129. また、「要塞としての欧州」の構想に

(7) Ulrich Beck/Edgar Grande, *Cosmopolitan Europe* (Cambridge: Polity, 2007), pp. 5, 19.

(8) Ibid., pp. 5, 4.

(9) Ibid., p. 20.

(10) ハーバーマスはコスモポリタニズムを「階層的従属、普遍主義的・民族主義的同一性、およびポストモダン的特殊性」を回避する方法で、「**文化的差異に社会的に対処する具体的な方法**」と理解している（強調箇所は原文通り）。Ibid., p. 12.

(11) Ibid., p. 14.（強調箇所は原文通り。）

(12) Ulrich Beck, *The Cosmopolitan Vision* (Cambridge: Polity, 2006), p.167. Peo Hansen, "Post-national Europe—without cosmopolitan guarantees", *Race & Class*, Volume 50, Issue 4, 2009, pp. 20–37 も参照。

(13) 「国家的自己錯誤」については、Beck and Grande, Cosmopolitan Europe, pp. 21–22 を参照。ベックの考えるコスモポリタニズムが反国家主義やポスト・ナショナリズムにつながることを示す好例として、欧州司法裁判所が加盟国法よりも EU 法の優位性を主張することは、一種のコスモポリタン的な法革命を意味するというベックの主張がある (p. 7)。同様に、欧州委員会は「統合の原動力」であるため、ベックは欧州委員会を「EU 内のコスモポリタン・ダイナミズムの主要な制度的機関」(p. 76) と見なしている。ベックはまた、欧州委員会と欧州司法裁判所を「コスモポリタン的起業家」と呼んでいる (pps. 8, 42, 138)。

(14) Craig Calhoun, "Cosmopolitan Europe and European Studies", in Chris Rumford (ed.), *The Sage Handbook of European Studies* (London: Sage: 2009), pp. 637–654 を参照。

(15) 多くの学者が「コスモポリタン的愛国主義」の理論を展開している。例えば、クワメ・アンソニー・アピアは、ナショナリズムとコスモポリタニズムは相容れないどころか、「実際には絡み合っている」と主張する。Kwame Anthony Appiah, "The Importance of Elsewhere. In Defense of Cosmopolitanism", *Foreign Affairs*, March/ April 1999, https://www.foreignaffairs.com/world/ importance-elsewhere.

(16) 欧州統合の初期の研究者の中には、地域主義という概念を用いた者もいた。例えば、Ernst Haas, "The challenge of regionalism", *International Organization*, Vol. 12, No. 4, October 1958, pp. 440–458.

(17) 欧州が大陸としてふさわしいかどうかについては、議論がある。例えば、J.G.A. ポコックは、欧州を「大陸の類型における異常」であると主張している。特に、「欧州はアジアとつながっているのではなく、アジアの延長線上にあり、インドのような半島や亜大陸である」という。J.G.A. Pocock, "Some Europes in Their Histories", in Anthony Pagden (ed.), *The Idea of Europe. From Antiquity to the European Union* (Cambridge: Cambridge University Press), pp. 55–71, 特に p.57、p.58.

(18) Hans Kohn, *The Idea of Nationalism: A Study in Its Origins and Background* (London: Macmillan, 1944); new edition with an introduction by Craig Calhoun (New Jersey: Transaction, 2005).

(19) コーンの分析は、ほとんど地理的な西側、つまり欧州と北米だけに焦点を当てている。ここでいう「西部」とは、現在われわれが西欧と呼んでいる地域の西部のことであり、「東部」とは西欧の東部、つまり中欧のことである。

(20) Calhoun, introduction to Kohn, p. xxvi.

(21) Eric Foner, *The Second Founding. How the Civil War and Reconstruction Remade the Constitution* (New

注

※原著所収の後注（Notes）を全て掲載し、邦訳書がある著述等は訳者が適宜補った。ただし、引用に関しては、原著の引用テキストに沿って訳出しているため、掲出した邦訳書の該当箇所の邦文とは必ずしも一致しない。

▼はじめに

(1) 欧州における経済政策の非政治化については、Pepijn Bergsen, Leah Downey, Max Krahé, Hans Kundnani, Manuela Moschella and Quinn Slobodian, "The economic basis of democracy in Europe. Structural economic change, inequality and the depoliticization of economic policymaking", Chatham House, September 2022, https://www.chathamhouse.org/sites/default/files/ 2022-09/2022-09-08-economic-basis-of-democracy-ineurope-bergsen-et-al.pdf.

(2) 私が特に考えているのは、1970年代にバーミンガム大学現代文化研究センターで始まったカルチュラル・スタディーズの分野での仕事である。

(3) その後、人種平等委員会は、より広範な権限を持つ平等人権委員会に取って代わられた。

▼第1章

(1) European Union Nobel Lecture, Oslo, 10 December 2012, https://www.nobelprize.org/prizes/peace/2012/eu/lecture/.

(2) Jürgen Habermas, "Toward a Cosmopolitan Europe", *Journal of Democracy*, Volume 14, number 4, 2003, pp. 86–100, here p. 88. 初出は "Euroskepsis, Markteuropa oder Europa der (Welt-)Bürger", *Zeit der Übergänge. Kleine Politische Schriften IX* (Frankfurt am Main: Suhrkamp, 2001), pp. 85–103.

(3) 特に、次を参照。Immanuel Kant, "Idea for a universal history with a cosmopolitan purpose", translated by H.B. Nisbet, in Hans Reiss (ed.), *Kant: Political Writings* (Cambridge: Cambridge University Press, 1991), pp. 41–53. ("Idee zu einer allgemeinen Geschichte in weltbürgerlicher Absicht", *Akademie Ausgabe von Immanuel Kants Gesammelten Werken*, Volume VIII, pp. 15–30.)

(4) Jürgen Habermas, "Die postnationale Konstellation und die Zukunft der Demokratie", *Blätter für deutsche und internationale Politik*, July 1998, pp. 804–817, 特にp.813。Jürgen Habermas, *Die postnationale Konstellation. Politische Essays* (Frankfurt am Main: Suhrkamp, 1998), pp. 91–169に再録。同様の定式化については、以下を参照のこと。"Der europäische Nationalstaat unter dem Druck der Globalisierung, *Blätter für deutsche und internationale Politik*, April 1999, pp. 425– 436, 特にp. 434。"Toward a Cosmopolitan Europe", p. 96. Weltinnenpolitikという言葉は、ドイツの物理学者で哲学者のカール・フリードリッヒ・フォン・ヴァイツゼッカーが1963年に初めて使った。

(5) Jürgen Habermas, *The Crisis of the European Union: A Response* (Cambridge: Polity, 2012), p. 2.

(6) Habermas, "Toward a Cosmopolitan Europe", p. 87.

フォン・デア・ライエン、ウルズラ（von der Leyen, Ursula）25, 117, 118, 121, 122
ブラウン、メーガン（Brown, Megan）60, 62, 70
プラトン（Plato）47
ブルーベイカー、ロジャース（Brubaker, Rogers）30, 31
プレヴェン、ルネ（Pleven, René）59
フレーフェルト、ウーテ（Frevert, Ute）52
プローディ、ロマーノ（Prodi, Romano）77
ブローデル、フェルナン（Braudel, Fernand）42
ヘイ、デニス（Hay, Denys）39, 40
ベガム、ニーマ（Begum, Neema）132, 133
ペクレス、ヴァレリー（Pécresse, Valerie）32
ベック、ウルリッヒ（Beck, Ulrich）14, 15, 57, 93, 95
ベッツ、ポール（Betts, Paul）63, 65
ベレツ、ユゼフ（Böröcz, József）96
ヘロドトス（Herodotus）37
ベン・アリー、ザイン・アル・アービディーン（Ben Ali, Zine El Abidine）91, 105
ホール、スチュアート（Hall, Stuart）27
ボナパルト、ナポレオン（Bonaparte, Napoleon）18, 46
ポプラウスキー、コンラート（Popławski, Konrad）110
ホルクハイマー、マックス（Horkheimer, Max）77
ボルケスタイン、フリッツ（Bolkestein, Frits）92, 117
ボレル、ジョセップ（Borrell, Josep）123, 124

◎マ行

マキアヴェッリ（Machiavelli）41
マクロン、エマニュエル（Macron, Emmanuel）112, 113, 114, 115, 116, 117, 118, 119, 120, 150
マリク、ケナン（Malik, Kenan）49
マリタン、ジャック（Maritain, Jacques）64
マルガリート、アヴィシャイ（Margalit, Avishai）76
マルテル、カール（Martel, Charles）→カール大帝
ミッテラン、フランソワ（Mitterrand, François）24, 82, 113
ミデラー、ルーク・ファン（Middelaar, Luuk van）35
ミュラー・アルマック、アルフレート（Müller-Armack, Alfred）67
ミュラー、ヤン・ヴェルナー（Müller, Jan-Werner）69, 76, 101
ミラノヴィッチ、ブランコ（Milanovic, Branko）94
ミルワード、アラン（Milward, Alan）62
メイ、テリーザ（May, Theresa）17, 138
メルケル、アンゲラ（Merkel, Angela）107, 108, 109, 110, 111, 114, 116, 117
モネ、ジャン（Monnet, Jean）66, 98
モラン、エドガール（Morin, Edgar）29, 36
モレ、ギー（Mollet, Guy）67

◎ヤ行

ユーゴー、ヴィクトル（Hugo, Victor）55
ユンカー、ジャン・クロード（Juncker, Jean-Claude）105

◎ラ行

ラッツェル、フリードリヒ（Ratzel, Friedrich）53
リヨテ、ユベール（Lyautey, Hubert）53
ルソー、ジャン・ジャック（Rousseau, Jean-Jacques）47, 86
ルッテ、マーク（Rutte, Mark）116
ルナン、エルネスト（Renan, Ernest）78
ル・ペン、マリーヌ（Le Pen, Marine）112, 114, 115
ルムンバ、パトリス（Lumumba, Patrice）62
ルンス、ジョセフ（Luns, Joseph）61
レナード、マーク（Leonard, Mark）35, 58
ロワ、オリヴィエ（Roy, Olivier）65

◎ン行

ンクルマ、クワメ（Nkrumah,Kwame）62

ジーロンカ、ヤン（Zielonka, Jan）87, 88
ジスカールデスタン、ヴァレリー（Giscard d'Estaing, Valéry）85, 92
ジャット、トニー（Judt, Tony）63, 72, 76, 83, 94
シュヴァルツ、ハンス=ペーター（Schwarz, Hans-Peter）66
シューマン、ロベール（Schuman, Robert）57, 58, 59, 60, 65
シュペングラー、オスヴァルト（Spengler, Oswald）50
シュレーゲル、フリードリッヒ（Schlegel, Friedrich）55
ショイブレ、ヴォルフガング（Schäuble, Wolfgang）108
ジョスパン、リオネル（Jospin, Lionel）108
ショルツ、オラフ（Scholz, Olaf）120, 121
ジョンソン、ボリス（Johnson, Boris）128
スキナス、マルガリティス（Schinas, Margaritis）118, 119
スナイダー、ティモシー（Snyder, Timothy）58, 78, 141
スパーク、ポール・アンリ（Spaak, Paul-Henri）60
セゼール、エメ（Césaire, Aimé）77

◎タ行

ダーウィン、チャールズ（Darwin, Charles）49
チェーレン、ルドルフ（Kjellén, Rudolf）51
チャーチル、ウィンストン（Churchill, Winston）64
チャクラバルティ、ディペッシュ（Chakrabarty, Dipesh）79
チャタルジー、パルタ（Chatterjee, Partha）24
デイヴィス、デイヴィッド・ブリオン（Davis, David Brion）47
ディドロ、ドゥニ（Diderot, Denis）49
デ・ヴァレラ、エイモン（de Valera, Eamonn）72
デ・ガスペリ、アルチーデ（de Gasperi, Alcide）65
デュシェーヌ、フランソワ（Duchêne, François）98
デュボイス、W.E.B.（Du Bois, W.E. B.）52, 77, 149
デリダ、ジャック（Derrida, Jacques）101
ド・ゴール、シャルル（de Gaulle, Charles）62, 66
トランプ、ドナルド（Trump, Donald）25, 113, 125, 126, 130
ドロール、ジャック（Delors, Jacques）83
トンプソン、ヘレン（Thompson, Helen）131

◎ナ行

ナハトヴァイ、オリファー（Nachtwey, Oliver）108

◎ハ行

パークス、ロデリック（Parkes, Roderick）118, 119
ハーバーマス、ユルゲン（Habermas, Jürgen）13, 14, 15, 28, 100, 139
ハイネ、ハインリッヒ（Heine, Heinrich）76
バック・モース、スーザン（Buck-Morss, Susan）47
バルファキス、ヤニス（Varoufakis, Yannis）108
バローゾ、ジョセ・マヌエル（Barroso, José Manuel）11, 12, 87, 88
バンクス、アーロン（Banks, Arron）128
ハンチントン、サミュエル（Huntington, Samuel）117, 149, 150
バンブラ、ガーミンダー（Bhambra, Gurminder）139, 140, 142, 145
ヒース、エドワード（Heath, Edward）136
ピウス2世（Pius II）40
ビッカートン、クリス（Bickerton, Chris）81
ファノン、フランツ（Fanon, Frantz）51
ファラージ、ナイジェル（Farage, Nigel）128
ファン・ロンパイ、ヘルマン（Van Rompuy, Herman）105
フィヒテ、ヨハン・ゴットリープ（Fichte, Johann Gottlieb）55
プース、ジャック（Poos, Jacques）98, 99
プーチン、ウラジーミル（Putin, Vladimir）106, 120, 124
フォーナー、エリック（Foner, Eric）19
フォレンツァ、ロザリオ（Forlenza, Rosario）64, 64

▼人名索引

◎ア行

アーレント、ハンナ（Arendt, Hannah）23,24,30,63,77
アシュトン、キャサリン（Ashton, Catherine）106
アデナウアー、コンラート（Adenauer, Konrad）65,66,67
アトリー、クレメント（Attlee, Clement）135
アドルノ、テオドール（Adorno, Theodor）63,75
アリストテレス（Aristotle）47
アリヨ＝マリー、ミシェル（Alliot-Marie, Michèle）105
アル・アサド、バッシャール（al-Assad, Bashar）121
アレン、セオドア（Allen, Theodore）43
アンダーソン、ベネディクト（Anderson, Benedict）20, 21, 22, 23, 24, 40
イッシンガー、ヴォルフガング(Ischinger, Wolfgang)25
ヴァレリー、ポール（Valéry, Paul）51
ウィルキンソン、マイケル（Wilkinson, Michael）97
ウェラー、シェーン（Weller, Shane）39, 56
ウォーラーステイン、イマニュエル(Wallerstein, Immanuel）46
ウォルフ、ラリー（Wolff, Larry）85, 86
エスピン・アンデルセン、イエスタ(Esping-Andersen, Gøsta）68
エラスムス、デジデリウス（Erasmus, Desiderius）36
エリアス、ノルベルト（Elias, Norbert）98
エルドアン、レジェップ・タイイップ（Erdoğan, Recep Tayyip）119
オルテガ（Gasset, José Ortega y）52, 74
オルバン、ヴィクトル（Orbán, Viktor）110, 111, 115, 116, 124

◎カ行

カール大帝（Charlemagne ／ Martel, Charles）40, 53, 63, 65, 66
ガウプ、フローレンス（Gaub, Florence）123
ガセット、ホセ・オルテガ・イ(Gasset, José Ortega y)→オルテガ
カッザーフィー、ムアンマル（Gaddafi, Muammar）91
カミュ、ルノー（Camus, Renaud）31
カルフーン、クレイグ（Calhoun, Craig）19
カンシュタイナー、ヴルフ（Kansteiner, Wulf）75
カント、イマヌエル（Kant, Immanuel）13, 48, 49, 98
キャッスル、バーバラ（Castle, Barbara）72, 137
キャンベル、ソル（Campbell, Sol）133
ギルロイ、ポール（Gilroy, Paul）46, 139, 143, 144, 145
キンメイジ、マイケル（Kimmage, Michael）64
クーデンホーフ・カレルギー、リヒャルト・フォン（Coudenhove-Kalergi, Richard von）53, 65, 148
クラステフ、イワン（Krastev, Ivan）79, 87
グランデ、エドガー（Grande, Edgar）57, 95
クンデラ、ミラン（Kundera, Milan）95
ゲイツケル、ヒュー（Gaitskell, Hugh）137
コール、ヘルムート（Kohl, Helmut）82
ゴールドバーグ、デヴィッド・テオ（Goldberg, David Theo）42, 43, 77
コーン、ハンス（Kohn, Hans）17, 18, 19, 20
コリー、リンダ（Colley, Linda）27
コロンブス、クリストファー（Columbus, hristopher）42, 43, 46

◎サ行

サッチャー、マーガレット（Thatcher, Margaret）81, 129, 130
サンダース、ロバート（Saunders, Robert）128,129

◆ま行

マーストリヒト条約（Treaty on European Union, 1992）79, 82, 83, 84, 88, 97, 137
マルクス主義（Marxism）66
南アフリカ（South Africa）45, 137
民主化デモ（pro-democracy protests）105
民主主義（democracy）4, 7, 13, 45, 64, 67, 68, 69, 72, 74, 83, 84, 85, 87, 90, 91, 93, 94, 95, 101, 105, 113, 122, 124, 127, 130
民主主義革命（democratic revolutions）94
民族的・文化的地域主義（ethnic/cultural regionalism）16, 17, 28, 70
モサラベ年代記（Mozarabic Chronicle）38

◆や行

「野蛮」(barbarism）37, 38, 54, 63, 65, 86, 96
野蛮人（barbarians）37, 47, 86
「ユーラフリカ」(Eurafrica）52, 53, 59, 60, 66
ユーロ（euro）83, 87
ユーロ危機（euro crisis）2, 3, 5, 6, 103, 104, 105, 106, 110, 111, 124, 131

◆ら行

リスボン条約（Lisbon Treaty, 2007）68, 101
ルーマニア（Romania）90
ルネサンス（Renaissance）26, 36, 85
冷戦(Cold War）4, 5, 8, 12, 14, 23, 62, 64, 66, 67, 74, 78, 79, 80, 81, 82, 84, 85, 86, 87, 95, 96, 97, 98, 108, 110, 120, 123, 137, 150
連邦移民法（Commonwealth Immigrants Act, 1962）136
労働移民（labour migration）→移民
ローマ条約（〔Treaty of Rome〕1957）60, 61, 62, 82, 90, 136
ローマ人（Romans）60, 61, 62, 82, 90, 136
ロシア（Russia）37
ロシア帝国（Russian empire）94, 142

ドイツ（Germany） 18, 23, 24, 25, 27, 29, 35, 37, 50, 53, 55, 57, 59, 60, 61, 65, 66, 67, 68, 69, 70, 72, 73, 74, 75, 76, 82, 84, 91, 98, 104, 106, 107, 108, 109, 110, 111, 113, 114, 115, 116, 117, 120, 121, 123, 134, 140, 143
ドイツのための選択肢（AfD〔Alternative für Deutschland〕）109, 116
ドイツ連邦銀行（Bundesbank）82
トゥールの戦い（ポワティエの戦い〔Battle of Tours〕,732）38
同盟（Lega〔Italian political party〕）116
トランプ政権（Trump administration）25
トルコ（Turkey）70, 74, 91, 92, 111, 117, 119
奴隷制度（slavery）43, 44, 46, 47
ドンバス紛争（Donbas conflict）120, 122

◆な行

ナチズム（Nazism）63, 74, 75, 122, 144, 145
ナミビアに対するアプローチ（approach to Namibia）76, 140
難民危機（refugee crisis, 2015）3, 5, 14, 104, 110, 116, 122, 132
西ドイツ（West Germany）59, 61, 66, 67, 69, 70, 73, 75, 82, 140
ノーベル平和賞（Nobel Peace Prize）11, 58
ノルドストリーム2（Nord Stream 2〔天然ガスパイプライン〕）107

◆は行

ハイチ革命（Haitian revolution）46, 47
白人代替理論（white replacement theory）31
パリ講和会議（Paris Peace Conference, 1919）149, 150
パリ同時多発テロ事件（Bataclan massacre, 2015）115
バルト諸国（Baltic states） 94, 106, 107, 120
「汎欧州」(Paneuropa〔pamphlet/journal〕) 53
汎欧州運動（pan-European movement）49, 51, 52, 53, 54
ハンガリー（Hungary）30, 53, 88, 94, 110, 111, 117, 123
反ユダヤ主義（anti-Semitism）38, 49, 77
ファシズム（fascism）63, 73, 74, 94
フィデス＝ハンガリー市民同盟（Fidesz）111, 117
福祉国家（welfare states）3, 5, 67, 68, 69, 104
福祉資本主義（welfare capitalism）68
フランス（France）16, 18, 23, 25, 27, 31, 32, 35, 38, 40, 43, 44, 46, 47, 50, 51, 53, 55, 57, 58, 59, 60, 61, 62, 63, 65, 66, 68, 69, 70, 72, 78, 81, 82, 84, 85, 90, 91, 101, 104, 105, 108, 112, 113, 115, 118, 119, 120, 123, 134
ブルガリア（Bulgaria）9051
ブレア政権（Blair government）137
ブレグジット（Brexit）
→英国の欧州連合離脱
米国（US: United States）16, 18, 19, 20, 23, 28, 31, 49, 50, 51, 53, 59, 64, 66, 67, 60, 92, 98, 99, 100, 101, 105, 107, 113, 114, 117, 119, 121, 125, 130, 143, 150
米西戦争（Spanish-American war, 1898）73
ベラルーシ（Belarus）119
ベルギー（Belgium）50, 52, 59, 60, 61, 62, 63, 65
ベルギー領コンゴ（Belgian Congo）52, 62
ベルリン会議（Berlin Conference, 1884-5）50, 62
防衛的な文明主義（defensive civilisationalism）32, 104, 118, 119
法と正義（PiS〔Polish political party〕）110, 117
ポーランド（Poland）30, 88, 94, 95, 106, 107, 110, 117, 119, 120, 122, 123
ポストコロニアル・メランコリア（postcolonial melancholia）143, 144
ポピュリズム（populism）29, 30, 31, 104, 109, 112, 116, 126, 129, 131, 135, 138
ポルトガル（Portugal）42, 71, 72, 73, 74, 83, 84
ホロコースト（Holocaust）5, 76, 77, 78, 94, 99, 140, 141, 142
ホロコーストの記憶（Holocaust memory）75
香港（Hong Kong）138

個人防護具(PPE〔personal protective equipment〕) 25
コスモポリタン的欧州（cosmopolitan Europe） 13, 93, 95
コペンハーゲン基準（Copenhagen criteria） 83, 87
コモンウェルス（Commonwealth） 72, 126, 132, 135, 136, 137, 138, 144, 146
コンスタンティノープル（Constantinople） 39

◆さ行

シェンゲン協定（Schengen Agreement,1985） 82
シビリアンパワー（civilian power） 98, 99
市民的地域主義（civic regionalism）5, 17, 28, 67, 69, 70, 104（欧州地域主義の市民的要素）
社会的市場経済（social market economy） 3, 5, 67, 68, 69, 138
社会的ダーウィニズム（social Darwinism） 49
十字軍（Crusades） 39, 42
シューマン宣言（Schuman Declaration） 58, 59
シューマン・プラン（Schuman Plan） 57
植民地主義（colonialism） 47, 50, 53
シリア紛争（Syrian conflict） 121
親欧州主義（pro-Europeanism） 51, 112, 143
新型コロナウィルス感染症(COVID-19 pandemic) 25
人権（human rights） 45, 46, 83, 90, 91
新自由主義（neo-liberalisation） 81, 85, 87, 116, 130
人種差別（racism）4, 7 , 8, 11, 24, 32, 35, 46, 49, 50, 54, 56, 77, 122, 125, 126, 128, 129, 130, 131, 132, 133, 134, 146
人種平等委員会(Commission for Racial Equality) 8
神聖ローマ帝国（Holy Roman Empire） 40
スウェーデン（Sweden） 51, 68, 88, 142
スエズ危機（Suez Crisis） 60, 66
スターリン主義（Stalinism） 94
スペイン（Spain） 21, 27, 42, 43, 44, 50, 52, 71, 72, 73, 74, 83, 84, 119
スレブレニツァの虐殺(Srebrenica massacre, 1995) 99
スロバキア（Slovakia） 88, 95, 99, 110
西洋（アーベントラント：Abendland〔Occident〕 65
西洋文明（Western Civilisation） 64
ゼウス（Zeus〔god〕） 37
セウタの征服（Ceuta conquest, 1415） 42
世俗主義（secularism） 41, 64
戦略的自律（strategic autonomy） 114, 119
想像の共同体（imagined communities） 4, 20, 21, 22, 26, 31
ソ連（Soviet Union） 23, 59, 64, 65, 67, 88, 94, 95, 123

◆た行

第一次世界大戦（World War I） 50, 52, 59, 63, 64, 94, 148
大航海時代あるいは探検時代（Age of Discovery or Exploration） 42, 50
大西洋奴隷貿易（Atlantic slave trade） 43, 73
第二次世界大戦（World War II） 4, 12, 20, 33, 36, 41, 45, 46, 53, 54, 55, 56, 57, 59, 62, 63, 64, 65, 66, 68, 69, 70, 76, 78, 79, 84, 94, 135, 138, 144, 145, 148
脱植民地プロジェクト（decolonial project） 140
単一欧州議定書（Single European Act,1985） 81
地域主義（regionalism） 3, 4, 5, 6, 7, 11, 13, 16, 17, 20, 22, 23, 24, 26, 28, 29, 30, 33, 36, 41, 67, 69, 70, 75, 78, 104, 141
チェコスロバキア（Czechoslovakia） 94
地政学（geopolitics） 5, 49, 50, 51, 54, 104, 107, 108, 114, 117, 119, 121, 123
中国（China） 21, 42, 107, 108, 114, 114, 117, 119
チュニジア（Tunisia） 59, 91, 105
帝国2.0（Empire 2.0） 126, 139
帝国戦争博物館（Imperial War Museum） 145
帝国の記憶（memory of empire） 78, 129, 142, 144
テロとの戦い（War on Terror） 143
デンマーク（Denmark） 71, 72, 73, 83

欧州共同体（EC〔European Communities〕）1, 9, 70, 71, 72,73, 74, 81, 83, 89, 91, 97, 98, 129, 134, 135, 136, 137, 144
欧州経済共同体（EEC〔European Economic Community〕）60, 61, 63, 65, 68, 69, 70, 72, 89, 90, 91, 97, 135
欧州国境沿岸警備機関（Frontex）119
欧州司法裁判所（ECJ〔European Court of Justice〕）81
欧州市民権（European citizenship）82
欧州社会モデル（European Social Model）68
欧州植民地主義（European colonialism）52, 54, 73
欧州人民党（EPP: European People's Party）111, 117
欧州政治協力（EPC:European Political Cooperation）97
欧州の精神（European spirit）51
欧州石炭鉄鋼共同体（ECSC〔European Coal and Steel Community〕）57, 60, 66, 68, 69, 70
欧州対外行動庁（European External Action Service）101
欧州単一通貨（European single currency）82, 113
欧州地域主義（European regionalism）12, 16, 17, 33,
欧州的生き方（European Way of Life）116, 118
欧州的普遍主義（European universalism） 45, 46, 48, 56
欧州のアイデンティティ（European identity）1, 3, 4, 16, 17, 20, 21, 22, 23, 24, 26, 27, 28, 32, 33, 38, 41, 42, 43, 45, 54, 55, 56, 65, 80, 83, 90, 93, 95, 118, 133, 139, 141, 142
欧州の「文明化の使命」(European civilising mission) 6, 46, 56, 61, 69, 79, 80, 97
欧州文明（European civilisation）6, 30, 31, 50, 51, 53, 62, 63, 66, 70, 75, 86, 80, 95, 119, 123
欧州連合条約→マーストリヒト条約
オーストリア（Austria）116
オーストリア・ハンガリー帝国（Austro-Hungarian empire）53, 94
オスマン帝国（Ottoman Empire）39, 40, 41
オフショア・バランシング（offshore balancing）144
オランダ領東インド（Dutch East Indies）59, 63
オランダ（the Netherlands）1, 30, 43, 59, 60, 61, 63, 85, 92,99, 101, 116

◆か行

カール大帝賞（Charlemagne Prize）53, 66, 92
科学的人種差別（scientific racism）50
記憶文化（Erinnerungskultur〔memory culture〕
北大西洋条約機構（NATO）74, 97, 100
北大西洋条約（North Atlantic Treaty,1949）64
共通安全保障・防衛政策（CSDP〔Common Security and Defence Policy〕）100
共通農業政策（Common Agricultural Policy）12, 133
ギリシャ（Greece）18, 26, 36, 37, 48, 54, 71, 72, 74, 83, 84, 108, 109, 110, 115, 118, 119
グリーンランド（Greenland）73
クリミア併合（Crimea, annexation of, 2014）107
クレタ島（Crete）37
グローバル・ブリテン（Global Britain）7, 125
啓蒙主義（Enlightenment）20, 26, 27, 36, 41, 42, 45, 46, 47, 48, 49, 64, 85, 86, 88
ケニア（Kenya）136
構成要素としての部外者（constitutive outsiders）26, 28
国際通貨基金（IMF〔International Monetary Fund〕）109
「黒人法典」(Code Noir) 44, 47
国籍法（Nationality Act, 1948）135
国民保健サービス（National Health Service）136
国民連合（Rassemblement Nationala〔RN〕フランスの政党）32, 112

索引

〔注〕原著所収の「INDEX」に掲載の語彙をもとに、事項・人名に分け、ABC順を50音順に変えて、それぞれの索引とした。なお、日本人読者の便宜を考慮して、原著「INDEX」にはない語彙も掲載してある。

▼事項索引

◆あ行

アイルランド(Ireland) 71, 72 , 81, 88, 142
アゾフ連隊(Azov Battalion) 122
アパルトヘイト（Apartheid）45
アムステルダム条約（Amsterdam Treaty,1997）97
アメリカ→米国（US:United States）
アメリカ合衆国憲法修正第14条（Fourteenth Amendment）19
アラブの春（Arab Spring）105
アル・アンダルス（Al-Andalus）39
アルジェリア（Algeria）58, 59, 60, 61, 62, 70, 89, 91
アルジェリア独立戦争（Algerian War of Independence, 1954-1962）60
アルジェリア民族解放戦線（FLN〔Front de Libéra Nationale（National Liberation Front〕）60
EU安全保障研究所（European Union Institute for Security Studies）123
EUの将来に関する諮問会議（コンベンション〔Convention on the Future of the European Union〕）92
イギリス→英国（UK:United Kingdom）
イスラム教(Islam) 6, 27, 30, 31, 38, 39, 40, 41, 42, 50, 55, 70, 92, 99, 115, 116, 132
イスラム恐怖症（Islamophobia）92, 129, 132
イスラム分離主義（Islamist separatism）115
イタリア（Italy）23, 25, 40, 50, 59, 60, 61, 68, 69, 72, 84, 86, 91, 106, 115, 116
五つ星運動（Five Star Movement ）116
イベリア半島（Iberian Peninsula）38, 39
移民(migration) 8, 30, 31, 32, 44, 69, 88, 91, 94, 106, 116, 118, 125, 128, 129, 130, 132, 136
移民政策（Windrush scandal）8, 118, 126, 135, 146
移民法（Immigration Act,1971）136
イラク侵攻（Iraq, invasion of, 2003）100, 105
イラン（Iran）114
ウィンドラッシュ事件（Windrush scandal）138
ウクライナ国家警備隊（Ukrainian National Guard）122
ウクライナ戦争（Ukraine War）28, 120, 122, 123, 124
運命共同体(Schicksalsgemeinschaft: community of fate）29, 124, 145
英国（UK:United Kingdom）1, 2, 7, 8, 9, 18, 26, 42,43, 50, 62, 72, 73, 74, 83, 88, 91, 112, 114,121, 125, 126, 127, 128, 129, 130, 131, 132, 133, 134, 135, 136, 137, 138, 139, 142, 144,145,146
- 2, 7, 8, 9, 112, 116, 125, 126, 127, 128, 129, 130, 132, 134, 138, 143, 144, 146
英国放送協会(BBC) 122, 133, 145
エジプト(Egypt) 91
エスノリージョナリズム（ethnoregionalism）4 , 29, 116
エンパイア・ウィンドラッシュ号（Empire Windrush）135
欧州アイデンティティ宣言（Declaration on European Identity）83
欧州懐疑主義（Euroscepticism） 30, 84, 109, 111, 112
欧州外交問題評議会（ECFR〔European Council on Foreign Relation〕）2, 105

訳者解説

本書は、ハンス・クンドナニ（Hans Kundnani）著、『ユーロ・ホワイトネス』（原題 *Eurowhiteness Culture, Empire and Race in the European Project*, Hurst, 2023年）を底本として、全文を訳出したものである。日本語版読者の理解を助け、原著刊行後の動きを踏まえて執筆された「日本語版への補遺」が原著に追加されている。

本書は原著の副題である「文化と帝国（主義）、人種」が示しているように、欧州統合事業を文化や帝国主義、植民地主義、人種主義の観点から見直そうとする試みである。原著の書名『Eurowhiteness』は、クンドナニが「謝辞」で書いているように、ユゼフ・ベレツの論文の題名に由来し、あえて訳すとすれば、「欧州の白人性」である。しかし、多くの日本人にとって、欧州人は白人であり、「欧州の白人性」という言葉が果たして何を意味しているのか、必ずしも明快であるとは言えないであろう。このため、原著者や本書編集者とも相談し、原著書名をそのまま表記し、内容で説明したほうがよいと判断し、『ユーロ・ホワイトネス』とした。

本書の主張は、ＥＵは地域主義の表現と捉えるべきで、その地域主義はナショナリズムに類似したものではあるが、より大規模で大陸的な規模のものである、と考えるべきであるということである。そして、ナショナリズムと地域主義にもさまざまな種類があるとした上で、民族的・文化的ナショナリズムと市民的ナショナリズムを区別し、これを地域主義に適用している。「親欧州派」が１９４５年以降の欧州を純粋に市民的なものだと考えることが多いのに対し、クンドナニは、１９４５年以降も民族的・文化的な要素は残っていて、ＥＵの中で表現されているとみる。ただ、社会的市場経済や福祉国家、ＥＵが組織化した、非政治化されたガバナンス様式を中心とする市民的要素の存在は否定しないとする。

クンドナニの問題意識

クンドナニが「はじめに」で書いているように、そのような主張に至った背景には、彼自身の個人的な来歴が密接に関係しているので、個人的な背景を改めてご紹介しよう。クンドナニは英国出身で、インド人の父、オランダ人の母の間に生まれた。オックスフォード大学やコロンビア大学大学院で哲学やドイツ語を学び、ドイツ現代史や欧州現代史への関心を深めた。英紙オブザーバーやフィナンシャル・タイムズ、米経済紙ウォールストリート・ジャーナルのベルリン特派員などジャーナリストとして活躍した。その後、研究者に転じ、欧州外交評議会（ＥＣＦＲ）の研究部長、英国王立国際問題研究所（チャタム・ハウス）の米欧関係を取り扱う研究部の上級研究員を歴任し、現在はロンドン・スクール・オブ・エコノミクス（ＬＳＥ）客員教授やニューヨーク大学兼任教授を務め、米学術誌『フォーリン・アフェアーズ』などでも健筆を振るっている。前著『Paradox of German Power』は欧州や北米で広く読まれ、日本語を含み5か国語に翻訳出版された。日本で知られるようになったのは、彼の著作としては初の邦訳書となった『ドイツ・パワーの逆説――〈地経学〉時代の欧州統合』（一藝社、２０１９年）である。

これを契機に、訳者の本務校である名古屋大学情報学研究科附属グローバルメディア研究センターとグローバル・ガバナンス学会（渡邊啓貴会長、当時）の共催の形で講演会を企画し、２０１９年にクンドナニ氏を招請するとともに、早稲田大学の福田耕治教授のご尽力により、早稲田大学ＥＵ研究所においてもシンポジウムを開催することができた。このほか、同氏は北海道大学の遠藤乾教授と鈴木一人教授（当時／お二人とも現東京大学）のご尽力により同大学で、また慶應義塾大学の細谷雄一教授や成蹊大学（当時／現東京大学）の板橋拓己教授のご尽力により慶應義塾大学で講演会や研究会に参加し、各地での学術交流を実現した。邦訳書は幸い、研究者を中心に数多くの読者に迎えられ、上述のように日本の国際関係学者や地域研究者との間で共同研究に取り組むなど、同氏は日本の学界との学術交流を緊密なものに発展させている。

同書でクンドナニが主張したのは、戦後ドイツは欧州の安定に寄与し、欧州一の経済大国となったが、統一後、とりわけ２０１０年のユーロ危機以降においては、自国経済における輸出依存度を徐々に高め、地政学的な利益を経済的手段で実現しようとする政治・外交手法である「地経学」的な大国に変貌したということであった。そして、東西両ドイツ統一により、欧州一の最大人口、経済力など名実ともに欧州の大国となり、１８７１年から１９４５年にかけて持っていた「準覇権国（semi-hegemony）」的立場を手にしたのだと分析する。欧州における覇権国というほどの力はないため、覇権国ではなく「準覇権国」なのであり、それは権力政治的な地政学的意味ではなく、あくまで経済的手段で国益を追求する地経学的意味においてであると指摘する。そのことは新たな「ドイツ問題」の再来を意味し、ドイツは欧州に安定ではなく、不安定をもたらす要因になったと主張した。今般のロシアによるウクライナ侵略によって欧州の地域秩序の安定が損なわれており、第一大戦後の戦間期との共通性を指摘する議論があるが、クンドナニも前著で明確に言及していたのである。

本書の内容と主張

そうした前著を刊行後、クンドナニは本書の「はじめに」で明らかにしているように、英国のEU離脱（ブレグジット）を経て、欧州統合に関する思索を深め、多くの欧州人と同様に、善と考えていた欧州統合事業について、徐々に懐疑的な思いを抱くようになった。その背景には、先に触れたように、彼自身の来歴が大きく関わっていた。すなわち、かつて英国に植民地化されたインド出身の父親、そしてEC原加盟6か国のうちの一つであるオランダ出身の母親を持ち、自身は英国で育ってきたという個人的事情が関わっているという。こうした来歴ゆえに、自身を欧州人であるとともに、アジア人であると考えていたというのである。

とりわけ2010年のユーロ危機以降に見せたEUが「厄介な変貌を遂げている」と思い、徐々に疑念が大きくなったことが本書執筆の動機であり、私たちが現在、目にしている欧州とは異なる欧州が必要であることを、欧州人を説得するつもりで本書を書いたと述べている。

その主張は、EUは地域主義の表現と捉えるべきで、ナショナリズムに類似した性格を持ち、コスモポリタニズムではないとの立場をとる。その上で、このような欧州の地域主義の市民的要素が欧州統合事業と欧州のアイデンティティに与えた影響が最大になったのは、1960年代の欧州の植民地喪失から2010年のユーロ危機の始まりまでの期間だったとする。ところが、それ以降、特に2015年の難民危機以降、この市民的な地域主義は、より民族的・文化的なものに道を譲ったというのがクンドナニの主張である。この転換の原因として、EUの（新）自由主義があり、特に単一市場の創設以降、EUがかつて掲げていた社会経済的理念を空洞化させる一方、その空白が文化によって埋められたのではないかとみる。

このことは、英国の移民政策が1960年代以降、英国の旧植民地出身者が英国に定住することを難しくする一方で、欧州出身者が英国に定住することを容易にしてきたことと関係していると指摘する。象徴的なのは、クンドナニの両親のケースである。両親がともに英国に渡った1960年代、インド人の父親には投票権があったが、母親にはなかった。しかし、その後、白人以外のコモンウエルス市民が移民として再認識され、英国が「欧州共同体」の一員となったことで、欧州人の権利が拡大されたため、この状況が変化したことを挙げる。

また、ブレグジットは英国にとって、植民地時代の過去との関わりと旧植民地との関係を深める機会になり得るとともに、英国が欧州中心主義でなくなる好機ととらえる必要性を強調する。

ブレグジットを語る上で重要でありながらも、あまり議論されていない要素のひとつとして、英国内の民族的な少数派が持つ、EUに対する複雑な態度を紹介する。国民投票では、黒人系とアジア系の英国人の3分の1はEU離脱に投票し、その数は約100万人に相当する。国民投票後の質的調査によると、一部の非白人英国市民にとっては、欧州大陸における人種差別の独特な経験や、EU自体の人種差別に対する認識が、投票の選択に寄与したことが明らかになっているとし、少なくとも「一部の」英国市民にとって、ブレグジットは白人の怒りの表明ではなく、その逆、つまり、人種差別的であると認識されているEUというブロックへの拒絶だったというのである。

帝国主義や植民地主義、人種差別といった、負の歴史との関連で欧州統合事業を論じるという機微な内容を含む本書は、とりわけ欧州の読者にどのように迎えられ、どのような評価を受けたのか。英国や欧州各国、米国などの主要なメディアで取り上げられた書評には、率直な戸惑いとともに、クンドナニの問題提起を受け止める必要性を認める論評が目立つ。

例えば、フィナンシャル・タイムズ（FT）は、2023年8月の書評で「クンドナニの論を好まない人もいるかもしれないが、だからこそ読むべきなのだろう」と、「親欧州派」の批判や当惑に配慮を示しつつ、「欧州は支配的な物語から脱し、より広い枠組みを提供する論を必要としている」とし、本書は「洞察に満ち、必要な本だ」と評価する。同様に、エコノミスト誌は同月の書評で、欧州の「文明化」に関連して、フランスの極右政党、国民連合のルペン党首などの政治家だけではなく、フランスのマクロン大統領も、中国や米国に対抗していく意味でも、欧州文明を促進するという考えを支持し、欧州委員会のフォン・デア・ライエン委員長は2019年、マルガリティス・スキナス氏（ギリシャ）を、初の「欧州生活様式促進担当」の欧州委員会副委員長として任命したことに着目する。このような動きは、欧州人が団結し、中東やアフリカの人々を締め出すために、より高い壁を築くことを望んでいると理解されている。しかし、このような「文明の転換」が何に由来し、どんな意義を持つのか。非白人でありながら自分を「欧州人」と考えることは果たしてできるのか。多くの非白人が欧州で生まれ、EU加盟国の国民は、その民族が何であれ、EU圏の国民だ。だが、アパルトヘイト時代の南アフリカがそうであったように、「欧州人」という言葉は、「白人」を意味する言葉としても使われることがある。このように、欧州の一員であり、欧州人であることの意味と向き合うことを説くクンドナニの主張は、たとえそれが不快なものに思われたとしても、そのことを考察し続けることが今後も不可欠なことであると同誌は高く評価している。このほか、ケンブリッジ大学のブレンダン・シムズ教授（国際関係史）は「優れて論理的」な議論として推薦文を寄せたのをはじめ、著名な研究者もクンドナニの主張に関心を寄せる。

日本における関連研究

帝国主義や植民地主義、人種主義との関連で欧州統合を分析する研究は、日本においてどのようなものがあるのか。政治学や国際関係学、歴史学、地域研究など分野は多岐にわたり、優れた研究蓄積が少なからずある。黒田友哉著『ヨーロッパ統合と脱植民地化、冷戦——第四共和制後期フランスを中心に』（吉田書店、2018年）は、戦後の欧州統合を植民地主義との関連で包括的に分析した学術研究である。同書は、１９５０年代後半、とりわけ欧州経済共同体（ＥＥＣ）、欧州原子力共同体（ユーラトム）を設立するローマ条約の調印に着目し、それとの関連で海外領土（植民地）のほか、ユーラフリカ構想（同書ではユーラフリック構想と表記）を取り扱う。黒田が同書の目的を、序章で書いているように「冷戦・脱植民地化という交錯する国際環境がもたらした影響について十分に注意を払いつつ」（同書、８頁）、「再出発期の欧州統合を考察するという視覚は、非ヨーロッパ世界との関係を切り離し、６か国の本国間関係の枠内でヨーロッパ統合の力学を捉えてきたヨーロッパの統合史に新たな視座をもたらす」（同９頁）とする。そのような位置づけにあるとすれば、クンドナニの本訳書は、その視座にさらに厚みを加えるものであると考えられる。

翻訳に当たっては、数多くの書籍や論文を参考にしたが、とりわけ次の文献には随時参照し、翻訳の参考とさせていただいた。記して感謝申し上げる。

板橋拓己『黒いヨーロッパ―ドイツにおけるキリスト教保守派の「西洋」主義、１９２５～１９６５年』（吉田書店、２０１６年）

遠藤乾『欧州複合危機――苦悶するＥＵ、揺れる世界』（中公新書、２０１６年）

黒田友哉『ヨーロッパ統合と脱植民地化、冷戦――第四共和制後期フランスを中心に』（吉田書店、２０１８年）

ハンス・クンドナニ『ドイツ・パワーの逆説――〈地経学〉時代の欧州統合』（中村登志哉訳、一藝社、２０１９年）

Tony Judt, *POSTWAR: A HISTORY OF EUROPE SINCE 1945*, VINTAGE BOOKS, 2010.

トニー・ジャット『ヨーロッパ戦後史　上――１９４５-１９７１』（森本醇訳、みすず書房、２００８年）

トニー・ジャット『ヨーロッパ戦後史　下――１９７１-２００５』（浅沼澄訳、みすず書房、２００８年）

田中素香『ユーロ危機とギリシャ反乱』（岩波新書、２０１６年）

藤山一樹「ブレグジットとイギリス帝国の残影――「アングロ圏」をめぐる近著に寄せて（前編・後編）」（東京財団政策研究所・ポピュリズム国際歴史比較研究会ウェブサイト、２０２１年）

＊

本書の翻訳・出版に当たっては、『ドイツ・パワーの逆説』でのご縁もあり、一藝社の菊池公男会長、小野道子社長、編集部の松澤隆さんに再びお世話になった。今回は、クンドナニ氏から私に本書の翻訳出版の相談があったため同社に取り次いだところ、学術図書の出版を取り巻く状況が厳しい中、翻訳出版を即決されたことによるものである。本書は前著に比べ、欧州統合を帝国主義や植民地主義との観点から包括的に論じているため、翻訳者としては私よりも適任の研究者がいるのではないかとも思ったが、前著との関連性も踏まえ、同社のご依頼もあり、いささか力不足ではあるが、必要に応じて関係の研究者のご協力をいただくことを前提にお受けした次第である。訳出に当たっては、ニューヨーク滞在中のクンドナニ氏と連絡を取り合い、日本人読者から見て、わかりにくい内容や不明な点を確認し、訳出した。誤訳や誤りがあるとすれば、言うまでもなく、すべて私一人の責任に帰するものである。設立以来の同社の方針である「良質な専門図書」としての水準を、本訳書が満たしていることを願うばかりである。

＊

お一人お一人お名前を挙げることは控えるが、日本国際政治学会やグローバル・ガバナンス学会、国際安全保障学会、日本ＥＵ学会などの関係学会、八王子サロン（主宰・渡邉昭夫先生）などの研究会、日本国際問題研究所やグローバル・フォーラムをはじめとするシンクタンクの研究会で、いつも学問的刺激と励ましを与え続けてくださっている研究仲間の先生方をはじめ、国立大学を取り巻く厳しい環境の中でも、自由闊達な研究環境を提供してくださっている勤務校の名古屋大学の同僚の先生方や研究室のスタッフの皆さんに、心からの感謝を申し上げたい。こうして、仕事を何とかまとめることができるのも、学務などに時間を取られて仕事が遅れがちの私に叱咤激励してくださるこうした先生方のお陰である。本書が欧州やドイツ、国際政治経済、帝国主義や植民地主義などに関心のある研究者や専門家、学生、ビジネスパーソン、ジャーナリストをはじめとする皆さんに広く手に取っていただけるのであれば、訳者としてこれに勝る幸せはない。

２０２５年１月吉日

名古屋・東山の研究室にて

中村　登志哉

【著者紹介】

ハンス・クンドナニ
Hans Kundnani

ロンドン・スクール・オブ・エコノミクス（LSE）客員教授、ニューヨーク大学兼任教授。英王立国際問題研究所（チャタムハウス）欧州研究部長・上級研究員、欧州外交評議会（ECFR）研究部長、ドイツ・マーシャル財団（ワシントン）上級研究員などを歴任し、2023年から現職。ドイツや欧州の政治・外交問題を専門とし、有力学術誌『フォーリン・アフェアーズ』などに寄稿している。著書に、本書のほか、『ドイツ・パワーの逆説──＜地経学＞時代の欧州統合』（オックスフォード大学出版局、2015年、邦訳一藝社）『ユートピアかアウシュビッツか──1968年世代とホロコースト』（同大学出版局、2009年、未邦訳）がある。1972年生まれ。英国出身。

【訳者紹介】

中村 登志哉
Nakamura Toshiya

名古屋大学大学院情報学研究科教授。専門は国際関係学、特にドイツ・欧州と日本の外交・安全保障政策。メルボルン大学（オーストラリア）大学院政治学研究科博士課程修了、Ph.D.（政治学）取得。著書に『ドイツの安全保障政策 ── 平和主義と武力行使』（一藝社）、編著に『ウクライナ戦争とグローバル・ガバナンス』（芦書房）、訳書に『ドイツ・パワーの逆説 ──＜地経学＞時代の欧州統合』（ハンス・クンドナニ著、一藝社）『ドイツ統一過程の研究』（ゲルトヨアヒム・グレースナー著、青木書店）、共著に Shearman, P. ed., "*Power Transition an International Order in Asia: Issues and Challenges*"（Routledge, 2013年）などがある。1960年、愛知県生まれ。

装丁—— E.P.Design

図版作成—— 一藝社 編集部

【編集部注】 本書所収の人物像（および下に付記した画像）は、すべてウィキペディア掲載のパブリックドメイン画像に基づいています（原書には画像の掲示はなく、邦訳にあたって編集部で追加)。

［カバーそで］「エウローパ・レーギーナ」（ヨーロッパを女王〔エウロペに由来〕に見立てた図）のひとつ。16世紀の地図学者ゼバスティアン・ミュンスターに由来する『コスモグラフィア』の1570年版に掲載。

［表紙］上記と同じ「エウローパ·レーギーナ」のひとつ（掲載出典は別)。女王の王冠がポルトガル、顔がスペイン、首から下がフランス、左腕がドイツとデンマーク、右腕がイタリア。ヨーロッパ中央部から東部にかけては、腰から脚を包むドレスとして描かれている。

ユーロ・ホワイトネス── 帝国主義と植民地主義から見る欧州統合

2025年3月9日　初版第1刷発行

著　者　ハンス・クンドナニ

訳　者　中村 登志哉

発行者　小野　道子

発行所　株式会社 一 藝 社
〒160-0014 東京都新宿区内藤町1－6
TEL 03-5312-8890
FAX 03-5312-8895
振替　東京 00180-5-350802
E-mail : info@ichigeisha.co.jp
HP : http://www.ichigeisha.co.jp
印刷・製本　モリモト印刷株式会社

ISBN 978-4-86359-293-3　C3031
乱丁・落丁本はお取り替えいたします。